AF177222

933

Verlag Kiepenheuer & Witsch GmbH & Co. KG,
Bahnhofsvorplatz 1, 50667 Köln

Kontaktadresse nach EU-Produktsicherheitsverordnung:
produktsicherheit@kiwi-verlag.de

Über das Buch:

New York, Frankfurt oder Ibiza hießen einst die glamourösen Orte der Clubszene. Inzwischen finden sich auf der DJ-Landkarte von Hans Nieswandt ganz andere Namen wieder: Ankara, Alexandria, Kiew, Sankt Petersburg, Rio, Kairo, Beirut, Vilnius oder eben auch Ramallah im Westjordanland.

Gibt es Diskos in Ramallah? Wer legt da auf? Und was für Musik? Darf man das überhaupt? Diese Fragen im Kopf folgte Hans Nieswandt einer Einladung des Goethe-Instituts in den Nahen Osten, wo er als Botschafter für deutsche elektronische Musik auftreten sollte. Mit normalen Partys war hier nicht zu rechnen, dafür spürte man mehr als in anderen Städten, wie sehr sich die Menschen danach sehnen.

Ortswechsel: Odessa, Ukraine. Eine aufgepeitschte Menge wogt vor dem DJ-Pult, direkt vor Hans Nieswandt springt ein junger Mann auf und ab, schreit immerzu: »Germany, Germany!« Deplatziert fühlt sich Hans Nieswandt in diesen Momenten, verstand er Techno und House doch immer als ein Teil einer weltumspannenden Tanzmusik. In »plus minus acht« erzählte Hans Nieswandt, auf was es alles ankommt, wenn man hinter den Plattentellern steht. Jetzt folgt »Disko Ramallah« – eine wundersame Reise zu Jugend und Musik in einer globalisierten Welt.

Der Autor:

Hans Nieswandt, geboren 1964 in einer mittelgroßen Industriestadt namens Mannheim, ist seit über 15 Jahren ein respektierter wie aktiver Charakter in der Welt der DJ- und Clubkultur, der elektronischen Musikproduktion und des gehobenen Popjournalismus. Ausgedehnte DJ- und Vortragsreisen führten ihn rund um die Welt. Allein und im Team mit Whirlpool Productions erschienen bis heute sechs Alben und unzählige Remixe. Seit Frühling 2003 hat Hans Nieswandt mit »Elektronische Melodien« auch eine eigene Radiosendung bei EINS LIVE.

Zuletzt erschien von ihm sein Album »The True Sound Center«.

Weitere Titel bei Kiepenheuer & Witsch:

»plus minus acht«, KiWi 674, 2002

Hans Nieswandt
DISKO RAMALLAH

**und andere merkwürdige Orte
zum Plattenauflegen**

Kiepenheuer & Witsch

© 2006 by Verlag Kiepenheuer & Witsch, Köln
Alle Rechte vorbehalten. Kein Teil des Werkes
darf in irgendeiner Form (durch Fotografie,
Mikrofilm oder ein anderes Verfahren)
ohne schriftliche Genehmigung des Verlages
reproduziert oder unter Verwendung
elektronischer Systeme verarbeitet,
vervielfältigt oder verbreitet werden.
Umschlaggestaltung: Felix Reidenbach
Gesetzt aus der Sabon
Satz: Felder KölnBerlin
Printed in Germany
ISBN 10: 3-462-03668-8
ISBN 13: 978-3-462-03668-8

»Die Nacht sei erfüllt mit Musik,
Und die Müh, die der Tag uns vergällt,
Wie die Araber packe die Zelte
Und stehle sich leis aus der Welt.«

MARK TWAIN

Inhalt

Vorwort

»Hallo Hans! Es gibt hier eine Anfrage für dich. Es könnte aber sein, dass das so ein bisschen merkwürdig wird.«

Als mein Booker diesen Satz zum ersten Mal sagte, kroch Unbehagen in mir hoch. Ich fragte, was denn der Anlass sei.

»Es ist eine Party zu Ehren von Spinat. Verona Feldbusch wird dich anmoderieren.«

Das konnte man nun wirklich als merkwürdig bezeichnen. Was hatte ich da verloren? Was sollte ich da spielen?

»Was du willst«, kam die vage Auskunft, »Soul, Funk, Disco, House, so ein bisschen elektronischer Pop, bloß kein Techno oder Reggae, gerne 80er Jahre, aber R&B kann schon auch dabei sein, aber kein HipHop ...«

»Aha, also was ich will.«

»Es ist auch sehr gut bezahlt.«

Ich hatte eine Familie und brauchte das Geld. Also gut.

Es wurde dann eine sehr witzige Nacht mit hohem Merkwürdigkeits-Mehrwert. Den Job erledigte ich zur allgemeinen Zufriedenheit, der Spinatkönig strahlte, Verona tanzte. Am Ende des Abends umarmte mich ein Wurstfabrikant und wollte mich für seinen Betriebsausflug buchen. Leider war der Termin nicht mehr frei. Aber viele andere haben sich seit damals genau auf diese Weise ergeben.

Man spielt bei einer Ausstellungseröffnung und wird an Ort und Stelle für eine Theaterpremiere gebucht. Daraus ergibt sich eine Modemesse, in deren Folge sich ein Hochzeits-Booking anbahnt. Der anwesende Filmproduzent braucht jemanden für das anstehende Bergfest, die dort anwesende Hauptdarstellerin hat bald Geburtstag. So geht es weiter und weiter. Es war zwar nie mein erklärtes Ziel, mich auf merkwürdige Musikmissionen zu spezialisieren. Aber inzwischen erfüllt mich Unternehmungslust und Vorfreude, wenn ich höre, es könnte merkwürdig werden. Was für eine Merkwürdigkeit wird es wohl diesmal sein? Und was ist an einer Hochzeit oder einer Theaterpremiere überhaupt so merkwürdig?

Nun, wie das Wort schon sagt: Es geschehen Dinge, die es würdig sind, gemerkt zu werden. Für einen Schreiber perfekt. Man weiß vorher nie, was nicht alles Sonderbares passieren wird. Von einem normalen, guten Club kann man das so nicht unbedingt sagen. Das meiste dort geschieht erwartungsgemäß, wie in der Kirche. Man hat es mit Eingeweihten zu tun, mit echten Kennern, mit erfahrenen Klubbern. Für die meisten modernen DJs sind diese Clubs die Basis, der eigentliche Kontext. Verlässt man ihn, wird es meistens merkwürdig. Man kann das nicht ausschließlich machen, sonst verkümmert man, dekontextualisiert. Es ist bisweilen hart, vom Künstler zum Dienstleister zu werden. Aber wenn alles gut läuft, beschert man Menschen einen magischen musikalischen Moment, mit dem sie gar nicht gerechnet haben.

Bei diesen Anlässen geht es musikalisch immer im Großen und Ganzen um Disco, mal mehr, mal weniger modern ergänzt. Mal etwas bekannter, mal etwas riskanter, mal obskur, aber meistens doch mit sehr, sehr hohem Wiedererkennungswert. Mein einziges ethisches Kriterium dabei ist bis heute, nie, niemals eine Platte zu spielen, die ich nicht mag. Eine Platte dagegen zum tausendsten Mal aufzulegen, macht mir nichts aus. Ein Klassiker ist ein Klassiker ist ein Klassiker. Disco zu spielen ist mein Schönstes, das ist wirklich ein konkurrenzloses Mittel, um punktgenau Glücksgefühle zu erzeugen. Aus diesem Grund gibt es im Anhang dieses Buchs lange Disco-Listen.

Die anderen Listen sind einem ganz anderen Strang der Seltsamkeiten gewidmet, der Kulturarbeit. Elektronische Musik aus Deutschland hat mich ebenfalls in die merkwürdigsten Ecken der Welt geführt. Meistens, um sie im Auftrag des Goethe-Instituts zu präsentieren, als DJ und als Workshop-Macher. Es war immer wieder äußerst eigenartig, wie begeistert man zum Beispiel allerorten darüber war, dass ich aus Deutschland komme. Es ist irgendwie befremdlich, dass Deutschland in der Außenwahrnehmung offenbar als cool betrachtet wird. Und es ist sehr ungewohnt und lehrreich, in erster Linie als Deutscher und danach erst als Individuum wahrgenommen zu werden. Und das nicht obwohl, sondern weil man DJ und mit elektronischer Musik beschäftigt ist. Als Deutscher wird einem auf diesem Feld ein hoher, natürlicher Kompetenzvorschuss zugeschrieben, ähnlich wie einem Brasilianer in Bezug auf Samba. Wer sich für elektronische Musik interessiert, ganz egal auf welchem Kontinent, schwört auf die hiesigen Spielarten. Dank Internet ist der Informationsstand etwa in Sachen Kölner Minimalismus bei manchem Araber auf Belgischem-Viertel-Niveau. Merkwürdig, wenn man das in Beirut in einer Disko erfährt. Noch merkwürdiger, nicht weit davon entfernt in einem Land aufzulegen, in dem Techno westliches Teufelszeug ist. Elektronische Tracks flitzen der Globalisierung voraus wie früher die Delphine um den Bug eines alten Handelsschiffes.

Ohne es so geplant zu haben, einfach weil es sich so ergeben hatte, bin auch ich mit meiner Plattenkiste ziemlich hin und her geflitzt in den letzten Jahren, zwischen kleinen, korrekten Klubs, großen Promotionveranstaltungen, rührenden Privatanlässen und repräsentativen Kulturaufgaben. Dieses Buch versammelt einige der Erlebnisse und Erfahrungen, die ich dabei und nebenbei gemacht habe. Ich grüße an dieser Stelle noch mal herzlich all die Menschen, mit denen ich unterwegs zu tun hatte oder die diese Reisen ermöglicht haben. Besonderer Dank geht an meine Lektorin Birgit Schmitz, den Kölner Kunstverein und an Felix Reidenbach, der den Umschlag gestaltet hat.

Köln, im Frühjahr 2006   Hans Nieswandt

Der elektronische Musterkoffer

Es war Ende Januar. Es war der Tag nach meinem 40. Geburtstag. Ich saß mit einem Musterkoffer voller Schallplatten in einem Flugzeug nach Rio de Janeiro und dachte, es hätte, weiß Gott, schlimmer kommen können.

In Rio wurden meine Dienste dringend benötigt, eine wichtige Ausstellungseröffnung musste mit elektronischer Musik aus Deutschland versorgt werden. Denn nur elektronische Musik aus Deutschland ist so überaus und umstandslos international kunstkompatibel. Damit liegt man nie verkehrt. Sie erfüllt jeden Anspruch an, nun ja: Anspruch. Trotzdem ist sie im Allgemeinen angenehm zu hören, ob sie jemandem vertraut ist oder nicht, ob sie im Vordergrund marschiert oder nur im Background pluckert. Der Grund liegt in einer gewissen positiven Armut des Ausdrucks. Anders als Reggae, Rap oder Rock drängt sich bei elektronischer Musik fast nie das Künstler-Individuum in den Vordergrund, um sich selbst oder seine Ansichten zu Fragen der Welt oder sonstigen Themen auszudrücken. Auf Schallplatte oder im Konzert mag das genau das Richtige sein, bei einer Vernissage lenkt es nur ab. Bei elektronischer Musik dagegen gibt es keine Themen, sondern genau wie in der abstrakten Malerei nur Farben, Strukturen und einen von Künstler zu Künstler verschiedenen Duktus. Ihre einzige Aussage ist: Ich bin hochmoderne und schlaue Funktionsmusik. Das macht sie so universell einsetzbar.

Das Goethe-Institut in Rio hatte Künstler aus aller Welt, die meisten aus dem Bereich Video und Multimedia, angerufen und sie gebeten, sich kreativ zum Thema Karneval zu äußern. Auch ich war eingeladen worden, nicht nur als Disc-Jockey, sondern auch um eine eigene Arbeit beizusteuern. Man stellte sich eine Art Klanginstallation vor, irgendwas mit Techno und Samba, wenn möglich. Immerhin lebte ich ja in Köln, der Welthauptkarnevalsmetropole, vor oder nach Rio, das kommt ganz auf die Herkunft des Karnevalisten an.

Ein Werk musste also her. Zum ersten Mal sollte ich selbst ausstellen. Da will man sich auf keinen Fall blamieren. Für meine Installation hatte ich daher monatelang Stimmen zum Kölner Karneval gesammelt, mit und aus den verschiedensten Perspektiven, die besten Zitate akribisch ausgeschnitten, aufgemotzt und auf gesampelte Fastnachts-Beats montiert. Ein Irrsinnsgefrickel. Eine Wort-Klang-Rhythmus-Installation vom Feinstofflichsten.

Der Brasil-Enthusiast Lars Dorsch, Kopf des Elektronik-Projekts Karma, zog hellsichtige Parallelen zwischen Samba und Humba. Der Maler Walter Dahn redete sich heiß über das archaische Verhältnis von Kunst und Karneval. Der Musikjournalist Ralf Niemczyk verwies auf die musikalische Abenteuerlust und den Soul kölscher Fastelovends-Lieder und erinnerte daran, dass die Black Föös einen der ersten deutschen Raps überhaupt aufgenommen hatten: »Huusmeester Katschmarek«. Die charismatische Veronika – ich kannte sie als bedeutende Verkleiderin, die in jeder Session mit fantastischen, eklektischen Aufmachungen zwischen »Polnischer Spargelstecherin« und »Schwarzwaldmädel« brillierte – brach für mich ihre Kostümierungsphilosophie herunter. Mario, ein homosexueller Deutschbrasilianer, redete über eben diese Facetten des Kölner Karnevals – die brasilianische und die schwule, beides alles andere als Marginalien. Ich hatte also praktisch alle Aspekte des »anderen«, des nichtoffiziellen Kölner Karnevals abgedeckt und war zwei Wochen vor der Eröffnung, wie man so sagt, gut aufgestellt. Die Menschen von Rio würden hier wirklich etwas Neues erfahren. Dann rauchte meine Festplatte ab, gerade als ich vorgehabt hatte, endlich eine Back-up-Kopie zu machen. Ich musste mir auf die Schnelle etwas ganz Neues ausdenken. Das Goethe-Institut in Rio signalisierte mir: »Vergessen Sie alle deutschen Wortbeiträge, da kommt hier niemand mit. Halten Sie den Wortanteil am besten möglichst gering.« Das hatte eine gewisse Logik. Ich beschloss, erwähnten Deutschbrasilianer Mario auf Portugiesisch einen Text namens »Alaaf & Kickin« lesen zu lassen, den ich für den Ausstellungskatalog bereits geschrieben hatte. Darunter liefen einige rohe, vage lateinamerikanisch anmutende Tracks, die ich eilig programmiert hatte.

Der ehemalige Hauptsitz der Banco do Brasil, ein pompöser Kolonialpalast im Herzen von Rio de Janeiros historischer Altstadt, war vor einiger Zeit in ein repräsentatives Centro Cultural umgewandelt worden. Eine Ausstellung über afrikanische Kunst, kuratiert vom Leiter des hiesigen Goethe-Instituts, hatte zuletzt Zehntausende hierher gelockt. An diesem imposanten Ort war für das Tonwerk »Alaaf & Kickin« ein Raum im ersten Stock vorgesehen, den ich mir

17

mit einigen bildenden Künstlern teilte. In einem langen Saal waren hoch über den Köpfen der Besucher entlang der Decke acht kleine, weiße Lautsprecher angebracht worden. Hart an der Wahrnehmungsgrenze spielten sie die Klanginstallation, und zwar sechs Wochen lang nonstop. Dazu gab es auf der einen Wand naive brasilianische Volkskunst aus dem Norden. Recht ansprechend. Gegenüber hing eine große Serie von farbenfrohen Porträts des bizarren Berliner Glatzkopf-Duos Eva & Adele, eher Furcht einflößend. Hunderte Male starrten sie mit irren Augen auf den Betrachter, mal in Grün, mal in Rot, dann wieder in Gelb oder Blau.

Selbst gebastelte Housebeats der unaufgeregten Art plätscherten also im Hintergrund, während Mario darüber meine Auslassungen zum Jeckentum rezitierte. Ich fand es eigentlich okay, soweit man das als Künstler über seine Arbeit sagen darf. Verstehen konnte man zwar nicht die Bohne, aber zumindest nervte es nicht. Der Hauptteil der Ausstellung bestand aus einigermaßen anstrengender Videokunst. Fast alle hatten intensive Bilder gefilmt, flirrende Visuals vom Karneval in Rio, mit viel nackter Haut, leuchtenden Farben und Sambafeeling.

Und auch die Vernissage war ein grelles, gesellschaftliches Spitzenereignis. Anders als etwa bei den Kölner Eröffnungen war die Damenwelt komplett auf hohen Hacken erschienen, mit Hut und viel Blingbling. Die bei ihnen untergehakten Kunstschwulen sahen aus wie einem Fassbinder-Film entsprungen. Ich vermute, für einige galt das tatsächlich. Manche Menschen hier waren so schön, dass man den Blick abwenden, andere so monströs, dass man unentwegt hinstarren musste.

Unter einer gigantischen Kuppel, von marmornen Säulen und Topfpalmen umrahmt, legte ich auf. Es gefiel mir sehr, hier zu sein und gleichzeitig etwas zu tun zu haben. Im Kunstkontext Musik zu spielen war für mich schon fast Routine, denn es gab schon lange keine zünftige Kunstsause mehr ohne DJ. Ob Fabrikhallen-Avantgarde oder etablierter Kunstbetrieb, fast immer fand heutzutage im Anschluss von großen, interessanten Vernissagen noch eine lustige Art Party statt. Und die Eröffnung in Rio war genau das Richtige für einen DJ in meinem Alter: gediegene Klangunterhaltung auf hohem Niveau bei gleichzeitiger guter Aussicht auf einige der besten brasilianischen Selbstdarsteller. Außerdem versteht man in diesem Land etwas von Rhythmen. Ein guter Rhythmus wird sofort erkannt, selbst wenn er in einem Computer in Mühlheim und nicht in den Gassen von Salvador de Bahia entstanden ist.

Doch niemand rechnete an diesem Abend mit einer Tanzparty, hier ging es eher um Repräsentanz. Die Summe meiner Tätigkeiten und Erfahrungen hatte mich im Lauf der Jahre zu so etwas wie einem Botschafter für elektronische Musik aus Deutschland gemacht. In dieser Funktion war ich eingeladen und unter dieser Prämisse hatte ich auch meine Plattenkiste gepackt.

Das Spektrum war äußerst breit gefächert. Elektronische Musik aus Deutschland (EMAD) hatte sich in den 90er Jahren zu einer üppigen Flora entwickelt. Das botanische Bild passte an dieser Stelle ganz gut: Wie es auf der Schwäbischen Alb andere Pflanzen gibt als am Greifswalder Bodden, stellte sich EMAD als eine heterogene Mischung regionaler Spielarten dar. Zwischen den Extremen Pop-Ambient und Knarz-Techno tummelte sich eine schier endlose Vielfalt von Stilen. Manche dieser Stile werden nur von einem einzigen Vertreter gepflegt, andere von so vielen, dass man vollkommen die Übersicht verliert. Mein Repertoire auf dieser Reise war zusammengestellt nach Art eines botanischen Musterkoffers.

Die Basis bildete die große Kölner Schule. Hier hatte sich die Firma Kompakt als das Bauhaus der deutschen Elektronik etabliert, mit Mike Ink als Walter Gropius. Nirgendwo sonst war eine derartige Ganzheitlichkeit von Musikästhetik, Grafikdesign, Geschäftsgebaren und kollektivem Lebensentwurf erreicht worden wie in diesem Haus. Sogar die Textebene wurde bei Kompakt konsequent genutzt, um maximalen ästhetischen Ausdruck zu erreichen – und das bei Musik, die in den allermeisten Fällen rein instrumental war. Die Platten erschienen mit stringenter, stillstandsloser Serialität. Die Worte, die den Projekten und Stücken ihre Namen gaben, verdichteten sich bald zu so etwas wie einer eigenen Dichtkunst, wenn nicht sogar zu einem Manifest. Um das zu verdeutlichen, folgt an dieser Stelle »konkrete Lyrik«, frei assoziiert von mir zusammengeschrieben aus dem Kompakt-Katalog der letzten Jahre.

Eng Not Gas
Irre Unter Null
Sofort Mittendrin Privat Im Mineral
Konkret Überall Heller Klang Ring Frei
Neuland Freiland Doppelleben
Hier und Jetzt Jetzt Erst Recht
Im Wandel der Zeit So Weit Wie Noch Nie
Aus Der Ferne Die Andere
Fackeln Im Sturm
Krieg Triumph
Totentanz Glanz
Wandel Kultur Alltag Die Fabrik
In Aller Freundschaft Nicht Die Welt
Donaunebel Tropfstein
Stoff Strang Storch So Siehst Du Aus
Spur Frei Roter Stern
Korn Dorn Schleusen Auf
Damit Du Endlich Weißt
Alles Fließt Nichts Bleibt

Mit dieser verfeinerten Art von Wortwahl inspirierte Kompakt viele Betreiber kleiner deutscher Technoklitschen. Labels nannten sich nun Platzhirsch, Mischwald oder Kahlwild, vom musikalischen Einfluss auf diese Hütten ganz zu schweigen. Kompakt und der berühmte Kölner Minimal Techno (bKMT) sind immer noch so gut wie synonym, auch wenn durch eben diesen Einfluss die Grenzen etwas verwischt worden sind und das Genre insgesamt ein wenig an Bedeutung verloren hat.

Dafür lanciert Kompakt ständig neue Sensationen – als größte muss hier der so genannte Schaffel erwähnt werden. Schaffel hat eine andere rhythmische Betonung als die schnöde Vierviertel-Pauke von Techno, House und Disco. Schaffel zählt man in Sechzehnteln. Wer sich eine Vorstellung davon machen will, wie es klingt, wenn es so richtig abschaffelt, kann gut zu einer der diversen »Schaffelfieber«-Compilations greifen. Er kann aber auch einfach eine Platte von Status Quo auflegen.

Den nächsten Level von Dichtkunst im Kontext instrumentaler Musik erreichte ein junger Mann aus Jena, der mit Plattenfirmen wie Freude am Tanzen und Musik Krause ebenfalls einen zentralen Platz in meinem Musterkoffer hatte. Sein bürgerlicher Name ist Gabor Schablitzki, aber er nennt sich Robag Wruhme. Er ist nach eigenen Angaben ein klassisches Wendekind, das lange Zeit gebraucht hatte, um sich darüber klar zu werden, was aus ihm in dieser Welt überhaupt werden könnte. Wir sollten dankbar sein, dass es ihm gelungen ist, denn er ist eines der größten Talente im Bereich Musikproduktion, über das dieses Land derzeit verfügt. Seine Version deutscher Elektronik ist nicht so kühl konstruiert und elegant designt wie die aus Köln – sie ist erdiger, organischer, aber auch zerrissener und neurotischer als die rheinische Variante. Das drückt sich deutlich in der Art aus, wie er seine Lieder tauft. Ähnlich den Sounds bearbeitet er die Worte mit dem digitalen Rasiermesser. Es folgt ein weiteres Beispiel für neuartige Poesie, die sich von Platte zu Platte aufbaut. Ich nenne es:

Freude am Krausen

Wortkabular
Freiekksemplar
Kopfnikker Knecht Ulbricht
Killerteppich Polytikk
Fittichklopfer Kommse
Jause Mensur
Hugendubel Zuendblättchen
Quietsche Konkklusiv

Neben einem breiten Sortiment aus Köln und Jena hatte ich Musik aus München dabei, dominiert von DJ Hells streng hedonistisch ausgerichtetem Label International Deejay Gigolos. Hier ging es weniger um Germanistik als um globalen Jetset. Hell war der Stardesigner an der Schnittstelle von Musik und Mode. Der von ihm maßgeblich beeinflusste Trend der Saison hieß Elektroclash, es war eine Generalüberholung der 80er Jahre inklusive Ananas-Frisuren und Umhänge-Keyboards. War Mike Ink Walter Gropius, so war DJ Hell der Luigi Colani der EMAD. Mir war klar, dass Gigolo-Musik mit ihren cleveren und kenntnisreichen New-Wave- und Schock-Sex-Zitaten nach Rio passte wie ein paar Bermudashorts.

Berlin war mit einigen Platten von prominenten Hauptstadtpop-Charakteren dabei – Leute wie die Märtini Brös oder 2raumwohnung, die sich auf amüsante Art normalen Songstrukuren und traditioneller Bühnenperformanz angenähert hatten. Bei Monika Enterprises, einem Label mit anspruchsvollen, sehr modernen Veröffentlichungen, verlief die Stoßrichtung genau andersherum. Klassisches Songwriting, um nicht zu sagen: Liedermachen, wurde hier mit elektronischen Mitteln neu erfunden, vor allem von Künstlerinnen wie Barbara Morgenstern, Michaela Melián oder Chica and The Folder.

Die alte deutsche Dancehauptstadt Frankfurt wurde durch das Label Playhouse vertreten, Heimat bedeutender Namen wie Alter Ego, LoSoul oder Isolée. Die Labelgründer und DJs Ata und Heiko M/S/O hatten im Frankfurter Nachtleben einen langen Weg zurückgelegt. Nirgendwo in Deutschland wurde so auf Soundqualität im Clubkontext geachtet wie in dieser Stadt. Die Playhouse-Produkte waren deshalb schon im Klang vorbildlich. Ästhetisch grenzten sie sich gegen alten Käse und kalten Kaffee kategorisch ab.

Die Labels Ladomat und Pokerflat standen für Hamburg. Ladomat verfolgte nach wie vor einen intelligent-brachialen Pop-Ansatz, und in meiner Kiste befanden sich Platten ihres derzeit heißesten Acts Ego Express. Pokerflat dagegen war das Stammhaus von DJ Steve Bug. Er brachte dort genau die Art trockenen, Old-School-informierten Funktions-Techno heraus, der überall auf der Welt sofort verstanden wurde.

Doch der wichtigste hanseatische Künstler war keinem einzelnen Label umstandslos zuzuordnen. Er war einer der beliebtesten DJs des Landes, seit er vor Jahren im Golden Pudelclub die Transformation von HipHop zu House und Techno vollendet hatte. Er war der Säger von St. Georg. Mit seiner Gruppe International Pony feierte er veritable Poperfolge. Als Adolf Noise delirierte und brillierte er in seinem eigenen Niemandsland zwischen Ambient und Hörspiel. Platten von DJ Koze, so sein populärstes Pseudonym, waren aus meinem Koffer überhaupt nicht mehr wegzudenken, ob in Brasilien oder in Bielefeld.

Darüber hinaus tummelten sich versprengte Exoten aus allen Ecken und Provinzen: ein bisschen Schwarzwald mit Rainer Trüby, ein bisschen Stuttgart mit Tiefschwarz, etwas mehr Sachsen mit den Gebrüdern Teichmann und so weiter **23** und so fort.

Während Kanapees und Cocktails kreisten, schickte ich die besten Teile dieser üppigen Kollektion ins weite, lichte Rund. Und bei so manchem Kunstverehrer begann es zu zucken.

Bei dem Lied »Beau Mot Plage« von Isolée trat ein freundlicher, junger Mann im Polohemd zu mir ans Pult. Zunächst erkundigte er sich ganz entzückt nach der laufenden Platte, dann fragte er mich auf Englisch:

»Kennst du auch Gruppen wie Grobschnitt, Eloy, Anyone's Daughter?«

Ich dachte, ich höre nicht richtig. Gustavo, so stellte er sich vor, schien ein richtiger Experte für progressiven Krautrock der 70er Jahre zu sein.

»Das kommt von meinem Vater«, erklärte er mir lachend, »der hat eine riesige Sammlung von Faust, Can, Tangerine Dream«, in seiner weichen Betonung zählte er immer weitere kantige Namen auf: »Amon Düül II, Kraftwerk, Hölderlin ...«

Sein Vater, erzählte Gustavo, kam aus dem feuchtheißen Norden Brasiliens, aus Salvador de Bahia. In den 70er Jahren muss er einer der coolsten tropischen Krautrockheads gewesen sein, jetzt war er ein lustiger, listiger Senior mit Ziegenbart, Pferdeschwanz und einem enormen Kugelbauch. Gustavo selbst war, obwohl erst 24 Jahre alt, Fluglehrer und bildete Schüler in kleinen Cessnas aus. Während der Woche in Rio wurde er zu meinem spontanen Begleiter durch die Stadt.

Als Nächstes stellten sich Adriana und Bernardo vor, ein schrilles Pärchen aus der Kunst- und Clubszene. Er war ein schlacksiger Ladyboy, sie eine Art Lotti Huber in jung. Sofort kündigten sie an, am kommenden Wochenende für mich einen Gig im »Dona Del Ferre« zu arrangieren, der berühmten »Eisernen Jungfrau«. Ich kannte den Laden schon von früheren Reisen Mitte der 90er Jahre: ein brütend heißer Schwulenclub, in dem man die Klokabinen direkt von der Tanzfläche aus betrat und es auch sonst sehr ungezwungen zuging, es sei denn man stand auf leichten Zwang, den man dort natürlich auch bekommen konnte.

»Larry Tee vom Elektroclash-Club aus New York wird auch da sein«, flötete Adriana, »alles wird sooo fantastisch sein.«

Ich wurde immer mehr Menschen vorgestellt und begann langsam den Überblick zu verlieren. Emmanuelle, die Fotografin, Carolina, die Produzentin der Show, eine andere Carolina, Roberto, der Künstler aus Köln, Philipp und Jan aus Köln, noch eine Carolina, der legendäre deutsche Off-Modeschöpfer Golo Gott. Vor vielen Jahren war er durch Cocktailkleider aus Postsäcken bekannt geworden, jetzt war er wohl in Rio gestrandet. Walter aus Luzern, Tim, der Nachlassverwalter von Andy Warhol. Dabei legte ich die ganze Zeit weiter Musik aus dem Musterkoffer auf, keine leichte Übung. Golo Gott und einige andere tanzten, sobald es technoider wurde. Wurde es wieder feinsinniger, hörten sie auf. Die ständige Konversation lenkte mich zwar ab, aber das war nicht weiter tragisch. Durch die Kuppel wurde der Sound so sehr verweht und verhallt, dass er sowieso nur diffus beim Publikum ankam. Mixfehler und schlechte Übergänge waren da kaum zu bemerken, wenn es nicht sowieso wie Absicht interpretiert worden wäre. Der elektronischen Musik aus Deutschland wurde mit Respekt und Sympathie begegnet, wenn auch nicht unbedingt heißblütig. Aber das wäre in dem Rahmen auch nur schwer zu bewerkstelligen gewesen. Nur als das Stück »High Priestess« von Karma aus Köln lief, kam so gut wie jeder in Bewegung. Kein Wunder – es ist ein lupenreiner Brasiltrack.

Gegen Mitternacht endete der Spaß in der Bank, und ich fuhr mit den meisten meiner neuen Freunde in das uralte, koloniale Restaurant Nova Capela. Dort aßen wir Wildschwein, Ziege und Brokkoli-Knoblauch-Reis und konnten endlich Bier trinken anstelle der ewigen Vernissage-

Caipirinhas. Die Nacht endete im Lokal Rio Scenario, einem weiterer Ort, der dazu gedacht ist, sich ins 19. Jahrhundert zurückzuversetzen. Eine Hand voll Musiker sang und spielte auf einer schmalen Bühne alte Weisen, der Alkohol floss endlos und scheinbar umsonst. Feuchtheiß war's und sinnlich wie im schönsten Brasil-Klischee. Als ich um vier Uhr morgens ins Hotel zurückkehrte, wurde auf dem flutlichterleuchteten Fußballplatz am Strand gegenüber immer noch intensiv gekickt.

● ● ●

Zeitig am nächsten Tag rief mich Clara an. Sie war die Pressesprecherin der Ausstellung – ich hatte in der Nacht nur ganz kurz mit ihr geredet, in den Wochen vorher aber viel mit ihr gemailt. Sie sprach ziemlich gut Deutsch, allerdings auf eine äußerst akademische Art. Man merkte schnell, dass sie keine umgangssprachliche Erfahrung hatte. Sie schlug vor, sich um acht Uhr abends mit mir in der Hotellobby zu vereinigen und dann essen zu gehen. Ich fand das eine sehr gute Idee. Sie brachte direkt noch drei Freundinnen mit. Leider konnte außer Clara keines der Mädchen Englisch, geschweige denn Deutsch. So wurde am Tisch vor allem viel gestarrt und gelächelt. Clara bestand darauf, mit mir Deutsch zu reden, ich erzählte ihr ein bisschen, wie ich so lebte, als DJ und Familienvater. Sie sagte: »Oh, ich bewundere deine Potenz.«

Die Mädchen wurden irgendwann müde und mussten früh aufstehen, im Gegensatz zu mir. Ich rief Gustavo an, was bei ihm noch so ginge, und schlug vor, noch einen Club zu besuchen, in dem ein alter Freund von mir auflegte, DJ Renato Lopes aus São Paulo. Der Laden hieß originellerweise »00«. Dort war zu Renatos Enttäuschung wenig los, nur ein paar Kumpels von Gustavo hatten sich noch dazu aufraffen können auszugehen. Wir saßen auf der Terrasse, tranken Bier, und darüber sprachen wir auch. Als Deutscher ist man im Ausland automatisch eine Kapazität auf diesem Gebiet. Sie fragten mich:

»Wie findest du das Bier?«

Ich sagte: »Es ist ein gutes Bier.«

»Er hat gesagt, es ist ein gutes Bier! Habt ihr gehört? Das Bier ist gut!«

Sofort schmeckte ihnen das brasilianische Bier noch viel besser. Wenn ein Deutscher ein Bier lobt, das will schon was heißen. Im Gegenzug lobten sie den deutschen Fußball, vor allem für Klinsmann, Matthäus und Kahn hatten die jungen Männer eine Menge Respekt. So waren denn die Gesprächsthemen schnell erschöpft, und ich ging bald ins Hotel.

Die nächsten Tage fuhr ich viel mit Gustavo herum, er führte mich zu den Wasserfällen, durch die Shopping-Malls und in zahlreiche Saftbars. Die meiste Zeit aber lag ich lesend am Pool, gelegentlich unternahm ich einen langen Spaziergang in die Altstadt, um die Ausstellung zu besuchen. Während der Vernissage war meine Arbeit vor lauter Trubel überhaupt nicht zu hören gewesen. Jetzt waren immer nur ein paar Menschen in dem Raum, sodass man sich nur wenig konzentrieren musste, um ein deutliches Murmeln und Pochen wahrzunehmen. Wenn ich nicht der Urheber dieser Geräusche gewesen wäre, hätte ich angenommen, dass sie zu den Bildern gehören. Niemand blieb unter einem der Speaker stehen, wo man den Text noch einigermaßen gut verstand. Die meisten schlenderten einfach nur so hindurch oder verloren sich in der Betrachtung der Glatzen und Fratzen von Eva & Adele. Dabei klopften sie unbewusst mit dem Fuß im Rhythmus von »Alaaf & Kickin«.

Der großspurig versprochene Auftritt im »Dona del Ferre« war für meinen letzten Abend in Rio geplant. Wie begeistert der Resident DJ war, als ich zu seiner völligen Überraschung in seine Box gebracht wurde! Er hatte sogar eine Maxi von mir dabei und schüttelte mir lange die Hand, nachdem ich sie signiert hatte. Wie absolut entgeistert er aber war, als man ihm mitteilte, dass ich unbedingt hier und jetzt auch auflegen müsse! Ohne auch nur ein Wort des sofort ausbrechenden, aufgeregten Palavers zu verstehen, war mir sofort klar, was passiert war. In der Kommunikationskette hatte es eine Lücke gegeben – bis zum DJ war die Information nicht durchgedrungen. Nun war er nicht nur in seiner Ehre gekränkt, sondern kratzte – in seinem Verständnis – auch an meiner. Dabei fand ich alles eigentlich gar nicht so schlimm, man hatte mich sowieso mehr oder weniger hierhin genötigt. In meinem Alter muss man nicht mehr um jeden Preis an jedem Ort die Platten drehen. Ich hätte zwar auch nichts dagegen gehabt, aber genauso gut könnte ich mich in der »Eisernen Jungfrau« einfach nur ein bisschen unangestrengt amüsieren. Anstatt aufzulegen, genoss ich also mit viel Contenance die Untröstlichkeit der Cariocas, wie sich die Menschen von Rio nennen.

Meine DJ-Aufgaben bei ihnen hatte ich erledigt, so gut ich konnte und so weit sie mich ließen. Mit Clara und Gustavo hatte ich gute neue Bekannte in der Stadt. Gerne hätte ich noch Gustavos Vater kennen gelernt und seine Krautrock-Sammlung begutachtet. Dass ich dazu schon in wenigen Monaten Gelegenheit haben sollte, konnte ich zu diesem Zeitpunkt noch nicht ahnen.

Alaaf & Kickin

KÖLN, 1990 BIS HEUTE

An einem Donnerstagmittag im Februar 1990 fuhr ich mit dem Intercity von Hamburg nach Köln, um dort meinen neuen Job als Redakteur des führenden deutschen Musikmagazins Spex anzutreten. Was ich nicht wusste: Dieser Donnerstag war gleichzeitig auch der Eröffnungstag der heißen Phase des rheinischen Karnevals, die so genannte Weiberfastnacht.

Das dämmerte mir erst im Speisewagen. Dort hatte eine bereits hochtourig laufende Reisegruppe von Damen mittleren Alters allen anwesenden Herren die Krawatten abgeschnitten. Dass ich wie immer keine trug, wurde mir als böse Absicht, als reine Spielverderberei ausgelegt. Nicht viel hätte gefehlt, und die Frauen hätten mich gelyncht. Das sollte meine erste Lektion über den Kölner Karneval sein.

In Hamburg, im hohen Norddeutschland, war Karneval praktisch unbekannt. Ich hatte dort die letzten fünf Jahre verbracht, studiert und mir das Rüstzeug zum

Journalisten geholt. Am Bodensee, im tiefsten Süddeutschland, wo ich als Jugendlicher gewohnt hatte, gab es die schwäbisch-alemannische Fastnacht, eine düstere, mittelalterliche Angelegenheit, nicht ohne ästhetischen Reiz, aber ohne jede hedonistische Konnotation. Den Kölner Fastelovend kannte ich als Sitzungskarneval nur aus dem Fernsehen und fand ihn so spießig wie unlustig, spätestens seit ich als 16-Jähriger eine Phase als linksradikaler Punkrocker hatte. Als ich mit Ende zwanzig nach Köln kam, hatte ich mit Karneval so gar keinen Vertrag. Nur Misstrauen und Argwohn, fast schon Panik.

In der Redaktion angekommen, fand ich die Räume verwaist vor. Nur Diedrich Diederichsen war noch da, eilig ein paar Sachen zusammenraffend, um sich sogleich bis Aschermittwoch nach Paris zu verabschieden. So lernte ich meine zweite Lektion über den Kölner Karneval: Entweder du verschwindest, oder du machst mit. Alle nach Köln zugezogenen Spex-Mitarbeiter begaben sich traditionell über die tollen Tage in eine jeckenfreie Gegend. Die in Köln geborenen Spexler hingegen waren schon seit elf Uhr vormittags auf den Straßen der Südstadt unterwegs und jetzt, am späten Nachmittag, wahrscheinlich schon längst im Kölschrausch versunken.

Denn wenn das Trömmelchen geht, so eine von vielen Kölner Volksweisheiten, dann hält es den Kölschen nicht länger an seinem Arbeitsplatz, seiner Schulbank, seinem Küchentisch. Dann muss er raus und feiern. Eine Art genetische Programmierung, die auch Intellektuelle, Kommunisten, Bohemiens und Avantgardisten nicht ausschließt, wie ich verblüfft feststellte.

Nach einem Jahr hatte ich zu meinen neuen Kölner Freunden und Kollegen schon so viel Vertrauen gefasst, dass ich beschloss, dem Karneval eine Chance zu geben. Er war mir als authentische, irgendwie auch sehr tiefe und seelenvolle Sache immer wieder ans Herz gelegt worden. Er gehörte einfach zur großen Köln-Erfahrung. Doch dann kam der Golf-krieg 1991 und sabotierte den Karneval. Der Rosenmontags-zug und alle anderen Umtriebe wurden abgesagt, Köln übte sich in Kasteiung. Es sollte noch ein ganzes Jahr dauern, bis ich den Karneval zum ersten Mal mit allen Schikanen kennen lernen sollte.

1992 schloss ich mich – dieses eine Mal wenigstens – den traditionellen Routinen bedingungslos an. Dazu gehörte vor allem der Weg in die Südstadt am frühen Donnerstagabend. Dieses Veedel, das Wohngebiet des wohlhabenden grünen Establishments, war nicht gerade auf der täglichen Ausgeh-Agenda. An diesem einen Tag wird es zum Aufmarschgebiet eines extrem ungezwungenen Straßentrinkens mit oder ohne Kostüm. Die Grenzen zwischen Innen und Außen, insbesondere was Kneipen betrifft, verwischen sich hier so schnell wie soziale oder politische Unterschiede. Das Beeindruckendste und Ungewohnteste war aber die Präsenz diverser entfesselter Sambaschulen, die mit ihrem authentischen Instrumentarium trommelnd durch die Straßen zogen, gefolgt von tanzenden Pulks, die sich dem rohen, hypnotischen, gelegentlich etwas wackligen Rhythmus hingaben. Dieses Bild hatte so gar nichts mit meiner bisherigen Vorstellung rheinischer Karnevals-Vereinsmeierei zu tun. Am nächsten Tag beschloss ich, mich zu verkleiden, das simpelste und effektivste Kostüm überhaupt: als Scheich. Das kam gut an, auch wenn mir später bei einer Party der Hitzestau schwer zu schaffen machte. Aus dem gleichen Grund erweisen sich auch Dreadlock-Perücken als untragbar, wenn man bei einer Karnevalsparty Platten auflegt. Da platzt dir fast die Birne.

Noch ein Jahr später, 1993, bewies der Kölner Karneval, dass Feiern nur eine Frage der Interpretation ist. Es wird nämlich keine Unterordnung unter Traditionen und Formalitäten verlangt, prinzipiell gilt, man kann ihn feiern, wie man möchte, solange man feiert. Das ist die einzige Bedingung.

Im relativ überschaubaren Belgischen Viertel, einem innenstadtnahen Gebiet voller Galerien, Cafés und Redaktionen, hatten in kurzer Zeit diverse moderne Plattengeschäfte eröffnet, verschiedenen Stilen wie Techno, House oder Hip-Hop verpflichtet. Die Kundschaft bestand nicht zuletzt aus den immer zahlreicher werdenden DJs und damit auch aus mir. In den Läden arbeiteten vor allem Zugezogene, deren Blick auf den Karneval nicht von Kindheitserinnerungen verklärt war, sondern die direkt das Potenzial für Partys erkannten. Man müsste mal ... Man könnte ja ... Und angelehnt an den Nottinghill Carneval in London kam es zur ersten »Alaaf & Kickin«-Party am Brüsseler Platz, donnerstagmorgens um elf Uhr. Die beiden Plattenläden Groove Attack und Delirium (aus dem bald das Kompakt-Imperium wachsen sollte) hatten sich zusammengetan, einen Generator organisiert, einen Kleinbus mit Plattenspielern, Mischpult und Verstärkern ausgerüstet und die Party gestartet.

Etwa nach einer Stunde rückte die Polizei an. Ältere Anwohner des recht kleinen und übersichtlichen Platzes hatten sich beschwert. Doch anstatt den Generator mitzunehmen und den Kleinbus zu verplomben, empfahlen die kölschen Schupos, doch mit dem ganzen Krempel ein paar Ecken weiter zu ziehen, zum nahen Friesenplatz. Dort, unmittelbar am Ring, tobte ohnehin der Weiberfastnachtsirrsinn, konnte keiner gestört werden und wir unser Ding durchziehen. Diese höchst semioffizielle Erlaubnis wurde für die nächsten sechs Jahre nach Kräften ausgenutzt.

Dabei blieb das Prinzip einfach, nur die Anlage wurde immer fetter: Von elf Uhr morgens bis elf Uhr abends lösten sich Kölner DJs aller musikalischen Fraktionen jeweils stündlich ab. Im Lauf des Tages hörte man HipHop, House, Brasilmusik, Techno, Reggae, Jazz und Disco. Der Rahmen blieb unkonventionell und unkommerziell. Das ganztägige Biertrinken im Ausnahmezustand, großartige Musik an einem profanen, urbanen Verkehrsknotenpunkt – all das versetzte die Leute in eine unvergleichliche Ausgelassenheit. Da man die Getränke selbst mitbringen musste, gab es auch nie so etwas wie Neid und Missgunst irgendwelcher Gastronomen – hier regierten nur die Musikfreaks, und zwar in aller Pracht.

Irgendwann zerbrach das Friesenplatz-Projekt an seinem eigenen Erfolg. Zu viele Menschen, darunter auch zunehmend zu viel Gesocks, überfüllten den begrenzten Platz. Weil er mitten in der heißen Zone lag, gab es immer mehr Zufallszaungäste, die zwar für Facettenreichtum sorgten, ihrerseits aber auch eine enorme Müllproduktion verursachten, ignorant für den ehemals idealistischen Ansatz der Veranstalter waren und insgesamt ein schales Gefühl der Überforderung erzeugten. Niemand wollte eine zweite Love Parade aus der lustigen kleinen Session machen, niemand mehr die Verantwortung für den Scherbenhaufen und die Schlägereien übernehmen.

Im Jahr 2000 schließlich zog die Party um. Neuer Austragungsort von »Alaaf & Kickin« wurde der Hans-Böckler-Platz in der Nähe des Stadtgartens. Dort kam niemand mehr zufällig vorbei. Man musste schon davon wissen. Gleichzeitig legte man sich musikalisch auf minimale, technoide Elektronik fest, während bis dahin eher Vielfalt im Vordergrund gestanden hatte. Dies ist nicht zu beklagen. Im Gegenteil: Kölscher Techno hat inzwischen eine derartige, auch globale Bedeutung gewonnen, dass eine exklusive elektronische Karnevalsjam durchaus ihre Daseinsberechtigung hat.

Unabhängig davon wurden aber auch die folgenden Nächte bis zum Karnevalsdienstag, besonders aber die Nacht des Rosenmontags, aufgrund der stadtweiten Lockerung bzw. Aufhebung der Sperrstunden und sonstiger Sitten zu Großkampftagen der Clubszenen. Drei Tage Nonstop-Elektronikveranstaltungen mit zum Teil höchsten Avantgardeansprüchen wurden zu einem so selbstverständlichen wie von der Allgemeinheit unbemerkten Aspekt des Karnevals. Noch ein paar Jahre weiter so, das möchte ich prophezeien, dann wird Karnevalselektronik ein fester Bestandteil der närrischen Tradition geworden sein, wie die Prunksitzung, die Stunksitzung und die Rosa Funken.

Eine Art Party

Als DJ bei einer Art Party ist man eine Art Director. Man hat es mit einer komplexen sozialen Gruppe zu tun, die im Lauf des Abends erheblich mutiert und meist aus allen Fugen gerät.

Je nach angestrebtem Provokationsanspruch oder angenommener Belastbarkeit des Publikums kann die bevorzugte Musikfarbe »ambientös« sein – ein Wort wie eine Krankheitsdiagnose: »Ich muss Ihnen leider mitteilen: Die Geschwulst ist ambientös.« Oder: »brasilesk«. Das schönere Wort. Es fügt der tropikalen Grundnote einen Oberton kühler Eleganz hinzu, bei der man nicht allzu sehr ins Schwitzen kommt.

Im Zweifelsfall tut es aber immer: »discoid«.

Diese Art Partys erfordern einen wandlungsfähigen, nervenstarken DJ, der die wechselnden Nuancen der demographischen Verhältnisse und den aktuellen Pegelstand auf dem Alkoholbarometer rich-

35

tig zu deuten und darauf zu reagieren weiß. Denn wir wollen eines nicht vergessen: Dies sind Feten, auf denen niemand Eintritt bezahlt hat, jeder sich für musisch kompetent hält und Bier und Weißwein kostenlos sind. Gute Voraussetzungen, um mal loszulassen!

Es war Sommer, es war in Düsseldorf, und es ging um Land Art. In einem weitläufigen Park konnte man zwischen Großobjekten wandeln, um sich anschließend vor dem Museum zu stärken, sich zu unterhalten oder sich von mir unterhalten zu lassen.

Zunächst waren noch Greise und Kinder mit an Bord, etwa Ehrenvorsitzende von Fördervereinen mit ihren Enkeln. Die Lautstärke war extrem gedrosselt, sanft groovten Soul und Bossa Nova und verschreckten niemanden. Die Kleinsten drehen sich sowieso zu jeder Musik entrückt und selbstvergessen im Kreis. Ein paar zehnjährige Jungs mit umgedrehten Baseballkappen schauten mir skeptisch auf die Finger. Für sie war niemand ein DJ, solange er nicht scratchte.

Weil die Kinder die Einzigen waren, die die Musik zu diesem frühen Zeitpunkt überhaupt wahrnahmen, und ich mir diese Skepsis meiner Person gegenüber verbat, scratchte ich ein bisschen für sie. Das war zwar musikalisch wenig sinnvoll, aber die Lümmel waren glücklich. Aufgeregt strahlend erzählten sie es ihrem Vater. Der prostete mir gutmütig mit seinem Glas Weißwein zu.

Ich beschloss, einen Zahn zuzulegen und mich aus den seichten Gefilden der Background-Beschallung etwas mehr in den Vordergrund zu spielen. Sonst würde mir das hier zu langweilig. Aber schon pfiff mich die Frau des Museumsdirektors zurück:

»Können Sie bitte die Lautstärke drosseln? Man kann sich ja gar nicht mehr unterhalten!«

Konsterniert fuhr ich wieder zurück. Erst auf ihr Stichwort hin durfte ich lauter werden. Der Typ von der PA-Firma, der hier eine absolut fette Monsteranlage aufgebaut hatte, hatte mitgehört und machte mit seinem Zeigefinger eine kreisende Geste an seiner Schläfe.

Relativ öde zwei Stunden gebremsten Spaßes vergingen, aber dann kickte doch heftig der Weißwein. Eine Frau im kleinen Schwarzen, im Schlepptau einen willenlosen Kerl mit grauen Schläfen und bereits gelockerter Krawatte, kam zum Pult und schlug einen unwiderstehlichen Ton an:

»Hey Mister DJ! Kannst du vielleicht endlich mal aufdrehen und was Vernünftiges spielen? Wir wollen hier schließlich tanzen!«

»Ach, halt doch deine blöde Klappe«, dachte ich, nickte asiatisch kühl und drehte den nächsten Track, irgendetwas von der alten Discotruppe Imagination, angenehm auf. Sofort füllte sich die Tanzfläche. Deswegen würde die Blöde sich im gesamten Lauf des Abends für die Schutzpatronin des Dancefloors halten – im Wahn, einen DJ persönlich auf die Idee gebracht zu haben, zur Abwechslung mal Tanzmusik zu spielen.

Doch da kam die echte Patronin:

»Ich hatte Ihnen doch gesagt: lauter erst auf mein Zeichen!«

Nach meinem Nicken auf die nun bereits äußerst muntere Tanzfläche und einem Verweis auf die Blöde im kleinen Schwarzen gab sie schmollend nach:

»Sie müssen ja wissen, was Sie tun.«

»Das sehe ich genauso.«

Alles schob und drängte jetzt zur Tanzfläche: Sammler und ihre Gattinnen, deren höhere Töchter und ihre öligen Beaus, das komplette Museumssekretariat und auch der stellvertretende Bürgermeister schwoften jetzt mehr oder weniger gekonnt zu einem Programm, das zwar cool und korrekt, aber auch von gnadenloser Bekanntheit jedes einzelnen Tracks geprägt war. Lieder wie »The Breaks« von Kurtis Blow, »Last Night A DJ Saved My Life« von Indeep oder

»Summertime« von DJ Jazzy Jeff & The Fresh Prince. Mittlerweile hatte sich bei mir am Pult – das übrigens direkt neben dem Würstchenstand aufgebaut war – eine malerische Crew clubbender Künstler und künstlerischer Klubber-Kumpels in Camouflage-Klamotten niedergelassen.

Für sie als wirklich ernsthafte Ausgeher war es natürlich noch viel zu früh zum Tanzen. Zunächst mussten noch traditionelle rebellische Rituale absolviert werden: Museumskiffen und Männerknutschen in der Gegenwart bürgerlicher Honoratioren und Kriegsveteranen.

So wurde es langsam wirklich locker und amüsant. Die Senioren und die Kinder verabschiedeten sich zügig, die übrigen Leute waren jetzt richtig offen, oder vielleicht auch nur richtig besoffen. Disco-Classics wurden zu House Music, House wurde zu Techno, Techno wurde zu abartigem 80er-Jahre-Revival-Electro, und schon waren wir wieder zurück bei Disco, dann Soul, bis sich nach einem letzten romantischen Lovers-Rock-Track auch noch das letzte Pärchen glücklich mit Schlagseite von der Tanzfläche verabschiedet hatte. Ein Blick auf die Uhr: noch nicht mal zwei.

Das war ja alles in allem dann doch ganz gelungen.

»Das haben Sie wirklich ganz herrlich gemacht!«

Strahlend kam die Patronin zur mir zurück – auch sie war zwischenzeitlich dem Charme von Golden Boy und Miss Kittin erlegen. Doch bevor ich vor Zufriedenheit zerfließen durfte, hatte sie noch ein As im Ärmel:

»Also das war so was von prima – Sie werden Ihre Gage in spätestens drei Wochen auf dem Konto haben, das verspreche ich persönlich!«

Eine Hochzeit

»Kann man dich auch für Privataffären buchen?«, fragte mich eine sympathische junge Italoamerikanerin, als ich gerade auf der »Bread & Butter«-Modemesse auflegte.

»Was meinst du mit Privataffären?«, fragte ich zurück.

»Ich meine Hochzeiten. Könnten ich und mein Freund dich für unsere Hochzeit buchen? Im August? In Amsterdam?«

Ich sagte: »Hochzeiten sind schwierig. Nicht direkt mein Fachbereich. Ich habe gar keine typische Hochzeitsmusik und ...«

»... das ist genau, was wir wollen. Bloß keinen Walzer, unsere Verwandten hören praktisch nur HipHop und Disco. Den Stil, den du gerade so spielst.«

Also gut. Obwohl ich wusste, dass in der realen Dynamik eines Hochzeitstages alles ganz anders aussehen kann, sagte ich neugierig zu. Das war bestimmt interessant und witzig. Eine amerikanisch-holländische Großhochzeit im Grand Palace, eine King Suite im Krasnopolsky, und der 3er-ICE braucht bis Amsterdam gerade mal zweieinhalb Stunden.

Hatte ich alles eingepackt? Welches Lied wird der erste Tanz? Wozu tanzt die Braut mit ihrem Vater? Wozu tanzt der Bräutigam mit seiner Mutter? Die Klärung solcher entscheidenden musikalischen Hochzeitstags-Fragen hatten die Braut und ich monatelang vor uns hergeschoben. Es war wie verhext. Mir fielen immer nur großartige Trennungsballaden ein. Schließlich dachte ich, mit »Time« von Culture Club das Richtige gefunden zu haben. Doch die Braut war skeptisch. Und überhaupt: Hatte Boy George damit nicht das Beziehungsende zum Schlagzeuger verarbeitet?

Am Tag vor der Abreise schaute ich schließlich im Internet nach, Suchbegriff: Wedding Dance Hits. Eine rosa-schnörkelige US-Seite tat sich auf: Weddingtips.com, mit den 500 beliebtesten First-Dances aller Zeiten (von denen man nur ziemlich wenige kennt, das meiste ist Country) sowie Dutzende Vorschläge für alle nur denkbaren Kategorien: Musik für den Brautstraußwurf, Musik zur Buffetbegleitung. Letzte Tänze. Spät in der Nacht vor der Hochzeit zurrten wir das Musikpaket schließlich fest.

Dann die Feier: Im Prinsenhof-Flügel des Amsterdam Grand Palace hatte neben verschiedenen Mitgliedern des Königshauses angeblich auch Johan Cruyff geheiratet, wie die ebenfalls gebuchte Fotografin erläuterte. Das kann man zu Hause erzählen, dachte ich beeindruckt.

Als zum Buffet gerufen wurde, begann mein Einsatz: loungige Latinmusik von CD, knapp an der Wahrnehmungsgrenze. Ich aß auch eine Kleinigkeit. Nicht zu viel, sonst schlafft man ab, wenn man doch für Stimmung sorgen soll.

»In a few minutes the couple cuts the cake and will then do the first dance!«, informierte mich der Trauzeuge, ein blitzblanker holländischer Hüne.

Als das Brautpaar das Parkett betrat – etwas peinlich berührt, aber doch ergriffen –, flossen erste Tränen: »*Why do stars suddenly appear/everytime you are near ...*« »Close To You« von den Carpenters war eine goldrichtige Wahl und nicht zuletzt gnädig kurz.

Anders als »Isn't She Lovely« von Stevie Wonder, laut »Weddingtips« ein Vater/Tochter-Klassiker, neben »My Girl« von den Temptations. In meiner endlosen Maxi-Vinyl-Version verfügt es über ein langes, lärmiges Intro mit Babygeschrei, zu dem man einfach nur dastehen kann. Das hatte ich ganz vergessen und blendete deshalb schon nach dem zweiten Chorus aus. Diese ersten drei Tänze huldigen nicht dem Song – es geht nur um die Geste.

Dann standen Mutter und Sohn schon parat für »In My Life«, auch dies ein Vorschlag aus dem Netz. In diesem Moment war ich vermutlich mehr gerührt als das Paar auf der Tanzfläche. Beide wirkten nicht so, als wären sie große Verehrer der Beatles. Die rüstige Mutter würde später am Abend tatsächlich vor allem zu HipHop grooven. So was hätte es früher nicht gegeben. Demnächst erzählen mir junge Bräute, dass bei ihrer Hochzeitsparty Minimal Techno laufen soll, weil das die liebe Oma so gern mag.

Der Dance in Amsterdam war nun offiziell eröffnet. Die meiste Zeit wurde er von amerikanischen College-Girls (Freundinnen der Braut) und holländischen Damen mittleren Alters (Tanten des Bräutigams) dominiert. Männer fanden sich auf dem Dancefloor erst viel später oder von einer Frau verschleppt wieder.

Mehr als sonst war ich heute darauf eingestellt, Wünsche zu erfüllen. »Rappers Delight«? Natürlich! »Night Fever«? Sure! No Problem! »Dirty Old Man«? Passt das denn inhaltlich? Naja, was soll's! Erst bei Meat Loaf und Bob Marley musste ich kapitulieren. Auch mit House Of Pain war bei einer Hochzeit nicht zu rechnen. Diese Familie hörte tatsächlich fast nur HipHop und Disco!

Nach diversen Beschwerden anderer Hotelgäste sollte gegen Mitternacht aber auch schon wieder Schluss sein, und so bat mich das Paar um eine letzte, langsame Platte. »This Feeling's Killing Me« von den Jones Girls war eine meiner Lieblings-Slow-Jams. Als die Sängerinnen jubilierend zum Chorus anhoben, fiel mir etwas am Text auf: »... *but you're just not the man, and this feeling's killing me, uh yeah.*« Hochzeiten sind eben schwierig für DJs. Das ineinander versunkene Paar bemerkte es zum Glück nicht.

Von Checkpoint zu Checkpoint

AMMAN/WESTBANK

>*Manch einer auf unserem Deck erkann-
te da zum ersten Male, wie eindruckslos
der Anblick seiner Landesfahne zu Hause
wirkt, verglichen mit dem, was er in
einem fremden Land bedeutet.*<
MARK TWAIN,
»Die Arglosen im Ausland«

»Oy vey! Oy vey!«, stöhnte ich laut und
ließ das Gepäck auf den Boden des Apart-
ments plumpsen. Plattentaschen und Plas-
tiktüten purzelten von mir herab.

Mein Freund DJ Eric D. Clark hatte das
früher immer gesagt, wenn wir morgens
aus dunklen Clubs ins helle Sonnenlicht
getreten sind: »Oy vey!« Ich sagte das jetzt
gern, wenn ich am Ende war – einer Reise,
einer Geselligkeit, meines Lateins.

Es war früher Nachmittag im Februar,
seit ein paar Minuten erst war ich wieder
zu Hause. Eine lange Reise lag hinter mir,
ein Zwölf-Stunden-Economy-Flug von Rio

43

de Janeiro über São Paulo nach Frankfurt, neben einem asthmatisch schnaufenden, dicken Mann, dessen Wülste über die Hälfte meines Sitzes gequollen waren. Im Anschluss noch eine kleine Bahnreise nach Köln. Jetzt sackte ich derangiert in einem Sessel zusammen und seufzte noch einmal vernehmlich: »Oy vey!«

In Gedanken war ich immer noch im Hotel Gloria, saß immer noch am Pool und tauchte geistig ab. Man brachte mir jetzt ein Bier, nein, das Telefon. Es war die Zentrale in München. Als ich hörte, worum es ging, war ich sofort hellwach.

»Wir hätten da einen Spezialauftrag für einen erfahrenen Senioren. Und wir haben dabei an Sie gedacht.«

»Ach, das ist aber schmeichelhaft. Worum handelt es sich denn genau?«

»Die Sache ist ein bisschen delikat, um nicht zu sagen heikel. Sie sollen als erster deutscher DJ durch den Nahen Osten touren. Es geht darum, Auftritte zu absolvieren und Workshops abzuhalten, vor allem aber: das Wasser zu testen. Ob das überhaupt sinnvoll ist, ob diese Kultur funktioniert in der arabischen Welt. Es soll dabei elektronische Musik aus Deutschland zum Einsatz gebracht werden, zum Teil unter Anwendung von DJ-Techniken. Das Haupteinsatzgebiet wäre Palästina. Dort sind Operationen in Gaza-Stadt und Ramallah vorgesehen. Ausbildung und Auftritt, Sie verstehen. Außerdem stehen noch Ägypten und der Libanon auf dem Reiseplan.«

»Das klingt ja unglaublich. Lassen Sie mich drei Sekunden nachdenken.«

Nach weniger als einer Sekunde sagte ich zu:

»Ich stehe selbstverständlich zu Ihrer Verfügung.«

Die nächsten Wochen verbrachte ich damit, den Gedanken zu verdauen, ihn schonend der wenig begeisterten Familie beizubringen, Visa-Anträge auszufüllen, Impfungen aufzufrischen und technische Angaben zu machen. Für das

44

Goethe-Institut, das mich zu dieser Tournee eingeladen hatte, waren komplizierte Künstlerreisen Routine. Das hatte ich schon mehrere Male miterlebt. Doch auch für diese Experten erwies es sich als unmöglich, im Gaza-Streifen oder in der Westbank ein paar vernünftige Technics-Turntables zu organisieren. So wurde beschlossen, eine komplette, 80 Kilo schwere und 1 Meter 60 lange DJ-Konsole in Köln anzumieten und per Luftfracht vorauszuschicken. Sie enthielt zwei Plattenspieler, zwei CD-Player, ein Mischpult sowie diverse Geheimfächer für die neuen Systeme, die ich mitführte, falls mal irgendwo ein Systemwechsel fällig wäre. System nennen DJs die Vorrichtung, mit denen die Nadel am Tonarm angebracht ist. Ging eines kaputt, konnte man es abschrauben und durch ein intaktes ersetzen. Meist war aber nur Staub auf der Nadel und nicht das System der Grund für kaputten Klang.

Ich nannte die Kiste: den Sarg. Er würde zwei Wochen lang mein treuer Gefährte sein. Ich würde ihn mit mir herumschleifen wie DJango und dabei großes Aufsehen erregen, besonders an Checkpoints, Check-Ins und den Baggage Claims der vielen Flughäfen auf meinem Weg.

Dutzende E-Mails gingen zwischen Köln und Ramallah hin und her. Unzählige Details mussten geklärt werden. Etwa zwei Wochen vor dem Abflug fügte ich einer meiner Antworten noch eine kleine Frage an, die sich mir mehr und mehr aufgedrängt hatte, je näher der Zeitpunkt des Aufbruchs kam:

»Sagen Sie mal, sind DJs bei Ihnen in der Gegend für manche Leute nicht eigentlich etwas total Westlich-Dekadentes?«

Die Antwort kam postwendend:

»Lieber Herr Nieswandt, da haben Sie den Nagel genau auf den Kopf getroffen. DJs sind hier etwas diffus Westlich-Israelisches. Tanzen ist ebenfalls ein Problem. Tanzveranstaltungen sind überhaupt nicht geduldet, wegen der vielen Märtyrer.«

Okay ...

Deshalb sollte ich nicht auf normalen Partys oder gar Raves spielen, sondern unter der Schirmherrschaft des Roten Halbmonds so genannte »kulturelle DJ-Konzerte« geben. Damit das auf keinen Fall irgendwie jugendverderbend rüberkommen konnte.

Mein Verleger rief vorsichtshalber noch mal Joschka Fischer an, ob da wohl mit Schwierigkeiten und, wenn ja, welcher Art zu rechnen sei. Ramallah sei sicher, aber nach Gaza, so die Auskunft des damaligen Außenministers, dürfte nach seinen Informationen niemand rein, um dort politische oder kulturelle Arbeit zu leisten. Ich wollte zwar im Prinzip nur Platten auflegen, musste das aber so hinnehmen.

Zwei Tage vor dem Abflug erreichte mich eine letzte E-Mail aus Ramallah:

»Lieber Herr Nieswandt, leider wird seit gestern in Gaza heftig geschossen. Israelische Panzer stehen 100 Meter vor dem Veranstaltungsort.«

Wenn alle Stricke reißen, so wurde angedeutet, würde das Event kurzfristig nach Bethlehem verlegt werden müssen. Ich beschloss, auch noch meinen Vater anzurufen und seine Meinung zu dieser Sachlage einzuholen. Seine Antwort war präzise und für einen Mittsiebziger auch ziemlich cool:

»Ich würde auf jeden Fall die Workshops machen, aber nur im äußersten Notfall auflegen.«

Mit einer gewissen Beklommenheit stellte ich schließlich eine repräsentative Auswahl deutscher elektronischer Disco-, House- und Technoscheiben zusammen, packte wieder den Musterkoffer und flog an einem sonnigen Donnerstagmorgen im Mai über Wien nach Amman. Die Platten und die Reisetasche erschienen vollzählig auf dem Gepäckband, nur meine geliebte Sackkarre war bei der Ankunft schon wieder verschwunden. Sie verschwand immer auf Auslandsflügen.

Der Flughafen von Amman strotzte nicht gerade vor orientalischem Prunk, gab aber durchaus eine, wenn auch relativ nüchterne, Andeutung von 1001 Nacht.

Bei der Passkontrolle verlief alles problemlos, aber als ich den Gepäckwagen in Richtung Ausgang schob, fiel einem der Beamten doch noch meine komische Kiste auf. Es wäre auch seltsam gewesen, wenn nicht.

»Here over!«

Ich schob zu ihm rüber. Er fixierte mich und sagte:

»Pisspott!«

Ich schaute ihn irritiert an und sagte:

»Ähh ... what?«

»Bassbutt!«

Hoffnungsvoll reichte ich ihm meinen Passport. Er nahm ihn unwillig entgegen.

»This box – open!«

Diese Prozedur kannte ich in- und auswendig. Während der Anblick eines Koffers voller Vinyl aber meistens ein gut gelauntes Aha-Erlebnis erzeugte, herrschte bei dem jordanischen Zöllner blanke Ratlosigkeit. Er rief einen Kollegen herbei, dem sich direkt zwei weitere anschlossen. Dies beobachteten andere Beamte, die nun ebenfalls herüberschlurften, sowie etliche einheimische Ankömmlinge aller Altersklassen. Sofort scharte sich also eine ganze Gruppe Beteiligter und Unbeteiligter um das Ereignis, und eine kontroverse Diskussion begann. Ob wohl jemand auf meiner Seite war? Jeder im Kreis – mit Ausnahme von mir – hielt eine ausführliche Rede. Zuletzt sprach der Älteste, ein würdevoller Greis in Flipflops. Ich verstand kein Wort, aber zum ersten Mal hatte ich den Eindruck, jemand würde für mich Partei ergreifen. Auch meinte ich, mehrmals das Wort Mercedes Benz gehört zu haben. Schließlich sagte der wohl ranghöchste Offizier zu mir:

»Willkommen im Königreich Jordanien. Gehen Sie in Frieden!«

Draußen empfing mich Herr Nouri, der Fahrer des lokalen Goethe-Instituts, mit einem klimatisierten Minivan. In einem hektischen Deutsch voll hart gerollter »Rrrrs« wies mich der kleine, dürre Mann auf die ebenfalls dürren, vertrockneten Sehenswürdigkeiten am Wegesrand hin. Auf den 40 Kilometern bis in die Innenstadt standen alle 50 Meter ein Soldat mit Maschinengewehr und alle 500 Meter eine Haubitze auf einem Fahrwerk.

»Ist nicht immer so. Haben wir hier gerrrade einen wichtigen Wirrrtschaftskongrrress mit Teilnehmern aus 130 Länderrrn«, unterrichtete mich Herr Nouri nicht ganz korrekt. Eigentlich war es eher typisch für hier. Der Nahe Osten stellte sich über weite Strecken als endlose Aneinanderreihung von Uniformierten und Gewehren dar. In den nächsten zwei Wochen sah ich täglich so viel Militär wie in den 40 Jahren davor nicht zusammen.

Mein Zimmer weit oben im Hotel Bellevue hatte die Nummer 909, kein schlechtes Omen für die erste Nacht. Die Einrichtung war großzügig, aber in der Minibar fand ich nur Wasser, Cola und Limo. Im Fernsehen gab es über 30 Programme, alle Arabisch, sowie CNN, dessen Empfang gestört war. Überall lief Krieg oder Pop, Arab-Pop natürlich, bis auf ein Fußballländerspiel zwischen Irak und Saudi-Arabien in einem völlig menschenleeren Riesenstadion. Nur hier und da gab es auf den verwaisten Rängen winzige Blocks von vielleicht zwanzig Scheichs.

Das Telefon klingelte. Herr Nouri holte mich zum Essen ab. Er wollte mir außerhalb der Stadt etwas Typisches zeigen. Bevor wir Amman verließen, hielten wir an einem Büdchen, das sich von einem Kölner Büdchen eigentlich in nichts unterschied außer dem wesentlich besseren Angebot an Dosenbier. Wir nahmen jeder zwei eiskalte Becks. Hei, wie das erfrischte! Herr Nouri gehörte zur hiesigen christlichen Minderheit, er durfte das.

Zehn Kilometer außerhalb Ammans wurden in einem alten

Pferdestall auf einem großen Grill Lammspieße für Touristen gewendet. Wer hier vorbeizog, ohne einzukehren, wurde angeblich verflucht. Während ich aß, sangen zwei Musiker an Trommel und Oud, der arabischen Gitarre, wehmütige Weisen über den Verlust der palästinensischen Heimat. Nach dem Essen bestellte Herr Nouri mir eine Nargileh, auch Habblibabbli genannt, die erste Wasserpfeife meines Lebens. Ich saugte am Schlauch, es blubberte heftig, schmeckte nach Apfel, doch in meinen Lungen spürte ich ... nichts. Dann entwichen gewaltige Rauchschwaden durch Mund, Nase, Ohren und Poren, wie bei einem Drachen, einem Vulkan oder einem Rastafari. Bald war ich völlig von Wolken eingehüllt. Das kam richtig gut, besonders im Umgang mit dem unentwegt plappernden und sich mit neuen Sightseeing-Angeboten überbietenden Herrn Nouri. Gerade hatte er sogar vorgeschlagen, auf der Stelle zum Toten Meer zum Schwimmen zu fahren. Oder auch in die andere Richtung, egal, zu irgendeiner herrlichen Ruine. Aber es war schon nach Mitternacht, ich war müde und morgen ein langer Tag.

Wie ein Derwisch fegte ein stürmischer Wind durch die Gassen und machte sie blitzblank. Es war sieben Uhr früh, die Sonne strahlte über Amman. Das Frühstück im sibirisch temperierten Speisesaal war mehr als merkwürdig. Mit Hummus, salzigem Ziegenkäse und schockierend süßer Marmelade tat ich mich etwas schwer zu dieser Uhrzeit. Herr Nouri holte mich ab, wir fuhren zunächst zum Institut, um den Sarg einzuladen. Der wartete hier schon seit zwei Wochen auf mich. Dann brachte er mich zum Barbier seines Vertrauens. Dieser machte mich frisch für die Mission und trimmte meinen Bart, während ich dicken Tee trank und amerikanische Zigaretten rauchte.

Schließlich fuhren wir los, in Richtung israelisch-jordanische Grenze, hinab zum Toten Meer. Im Radio dudelte Arab-Pop. Heute noch würde ich über den Jordan gehen!

»Und wie wird sich das dann darstellen?«, fragte ich Herrn Nouri. »Also diese ganze Aktion, in die Westbank zu kommen? Bis wohin fahren wir jetzt?«

»Fahren wir bis zur Allenby-Bridge. Unser Mann vom Institut Ramallah wird sich ab dort weiter kümmern. Der darf ja rrrein und rraus mit seinem Diplomatenwagen«, antwortete er. Dieser Gedanke gefiel mir.

»Das heißt, ich fahre dann mit einem Diplomatenwagen herum? Ist der Bus hier auch ein Diplomatenwagen?«, fragte ich.

»Ja, ja«, nickte Herr Nouri.

»Aber Sie dürfen nicht nach Ramallah fahren?«, wunderte ich mich.

»Ja, genau«, sagte er, als wenn es das Logischste der Welt wäre.

Eine Weile fuhren wir schweigend weiter. Es wurde heißer. Im Radio lief jetzt eine völlig übertriebene arabische Schnulze.

»Mann, überall Soldaten«, fing ich wieder an, »die armen Jungs müssen hier die ganze Zeit in der Hitze stehen.«

»Ach, die wechseln sich schon ab«, spielte Herr Nouri das Problem herunter.

Noch bis zur Stadtgrenze standen die Soldaten und Geschütz-Stafetten Spalier, dann verschwanden sie, und wir fuhren durch eine Landschaft, die jetzt zunehmend biblischer wurde. Nach etwa einer Stunde, auf dem Gipfel einer Anhöhe, die dann steil und tief abfiel, hielt Herr Nouri vor einem Schild. Ich betrachtete es ratlos und fragte:

»Was ist damit?«

»See Level.«

»Was?«

»Ein Bild für die Frau!«

Ein Bild für die Frau?

»Ah, ach so. Okay, dann mach ich wohl mal kurz ein Foto davon.«

»Fenster auf! Links fährt man zu einem Hotel, rechts fährt man zur Brücke. Hier ist das Tote Meer, und da ist die Brücke«, erklärte Herr Nouri engagiert und zeigte mit dem Finger überall in der Gegend herum. Überall sah es gleich aus, und grelles Licht schmerzte in den Augen.

Man hatte hier oben das Gefühl, auf einem hohen Berg zu sein, befand sich aber in Wahrheit genau auf Höhe des Meeresspiegels. Von hier aus ging es noch mal 300 Meter hinab in eine erstarrte, verkrustete Welt. Mir dämmerte etwas:

»Wir sind gleich da, was?«

»Ja, Viertelstunde noch.«

Der Hof der jordanischen Grenzstation war mit einem schweren Schiebetor verriegelt, das sich aber umstandslos für uns öffnete. Die Allenby-Bridge war nur für Diplomaten, Politiker und DJs zugänglich. Normale Menschen und Palästinenser konnten dort nicht passieren. Im Innenhof erwartete mich, Jazz-bärtig und lässig hinter ein paar dunklen Sonnengläsern: Farid Majari, der Chef des Instituts Ramallah. Wir trafen uns zum ersten Mal in Person nach all der Korrespondenz. Wie in einem historischen Moment tauschten wir einen festen Händedruck.

An der Grenzstation musste die Konsole umgeladen werden und Herr Nouri mit dem Minivan nach Amman umkehren. Das Fahrzeug, mit dem wir die Reise fortsetzten, war ein alter britischer Landrover-Defender-Jeep mit Deutschland-Fähnchen obendrauf, »damit es nicht zu Verwechslungen kommt«, wie mir Majari grinsend erklärte. Andererseits gab es aber auch Gebiete, in denen die deutsche Flagge unbedingt verborgen bleiben musste, eben damit man verwechselt werden konnte. Hoffentlich wusste Majari, in welcher Zone wir uns jeweils gerade befanden.

Der Sarg wurde verladen und passte nicht in den Jeep. Aber das war kein Problem, improvisieren war man hier gewohnt. Mit Tauen festgezurrt, ragte der Sarg eben einen halben Meter über die Ladefläche hinaus. Ein toller Anblick, wie bei einer richtigen Expedition. So rumpelten wir weiter, zu noch drei jordanischen Checkpoints, mit dicken, gemütlichen, im Schatten unter Bäumen von Fliegen umschwirrten Schnauzbartsoldaten, die sich zum Abschied mit der rechten Faust aufs Herz klopften.

Ein letztes klappriges Gate: Jetzt waren wir im Niemandsland. Hier war es äußerst unwirklich, trocken, tot und schön. Man sah förmlich die ausgemergelten Propheten vor sich, wie sie vor zweitausend Jahren zwischen den gleißenden Felsen stark dehydriert herumirrten und von Visionen gepackt wurden.

Dann, nach ein paar kurvigen Meilen, flatterte stolz der Davidstern über einem kleinen Maschinengewehrnest: ein erster israelischer Vorposten in der so heiligen wie feindseligen Umgebung. Die drei Soldaten hier waren von einem anderen Kaliber: jung, flott, drahtig und cool, mit Oakley-Wrap-Around-Sunglasses und feinsten Motorola-Schulter-Walkie-Talkies. Einer hatte eine Glatze wie Kojak. Während seine langhaarigen, jüngeren Kollegen auf meiner Seite des Jeeps die Maschinengewehre im Anschlag hatten, studierte er auf der Fahrerseite unsere Papiere. Dann fragte er mich streng:

»Was ist in dieser Kiste?«

Obwohl ich mit dieser Frage von Anfang an gerechnet hatte, liefen mir jetzt Schweißperlen das Brustbein hinunter.

»Nun ja, äh, ich bin ein DJ aus Deutschland, wissen Sie? Und in der Kiste ist mein DJ-Equipment, Plattenspieler und ein Mischpult und so, wissen Sie? Das Institut hat mich einbestellt, wissen Sie?«

52   Majari sekundierte mir:

»Wir haben ihn eingeladen. Tatsächlich ist er sehr gut!«

Kojak wägte diese Worte bedächtig ab. Sein Kamerad grillte mich weiter:

»Wie ist Ihr DJ-Name?«

Ich verfluchte mich lautlos. Vor 15 Jahren hätte ich mir einen amtlichen DJ-Namen wie Westwandt oder Acid Hans zulegen sollen. Jetzt war es dafür auf jeden Fall zu spät. Also zündete ich mir langsam eine Zigarette an und sagte so cool wie möglich:

»Ich brauche keinen DJ-Namen. Aber vor Jahren war ich in einer Gruppe, die hatte einen Namen. Sie hieß Whirlpool. Whirlpool Productions. Wir hatten auch einen Hit, sein Name war ›From Disco To Disco‹. Sie kennen ihn?«

Es war sehr peinlich. Aber vielleicht bringt das eine Glocke bei ihm zum Läuten, dachte ich. Aber nein, nichts; er sah mich nur starr durch die Sonnenbrille an. Wie sollte er auch davon gehört haben? Er war doch noch so jung, und außerdem war das Lied ein Hit in Italien gewesen und nicht in Israel. Schließlich fragte er:

»Spielen Sie auch Trance?«

Als er das sagte, rückte sein Kamerad nervös die Uzi zurecht und lud noch mal durch. Ich warf die Kippe aus dem Fenster, sah ihm gerade ins Gesicht und log mit fester Stimme:

»Oh, ich habe absolut kein Problem mit Trance.«

Plötzlich waren alle ganz erleichtert, ließen die Waffen sinken und spendierten Zigaretten. Kojak meinte:

»Aber was willst du als DJ bloß in der Westbank? Die haben da doch keinen blassen Schimmer von Trance und Techno. Fahr lieber nach Tel Aviv! Tel Aviv ist eine fucking crazy city!«

Das hatte mir vor ein paar Wochen schon mal ein junger Israeli geraten, der mir in meinem Stammcafé im Belgischen Viertel vorgestellt worden war. Ich hatte daraufhin gedankenlos gesagt: »Ach weißt du, ich fahre gar nicht richtig nach Israel, ich komme eigentlich nur auf der Fahrt von Ramallah nach Gaza-Stadt durch Israel durch.«

»Wenn du in Ramallah und in Gaza bist«, so seine frostige Antwort, »dann bist du die ganze Zeit in Israel.«
Man kann bei diesen Themen einfach nicht diplomatisch genug sein mit der Wortwahl.

Die relaxten Grenzer winkten uns lachend durch und riefen uns sogar auf Deutsch ein fröhliches »Auf Wiedersehen!« hinterher.
In diesem Stil passierten wir zwei weitere Checkpoints und erreichten dann ein großes Zollgebäude. In einer langen Reihe standen hier Abfertigungsboxen wie bei der Einreise am Flughafen. Aber es herrschte kaum Betrieb. Wir stellten uns bei der nächstbesten Box an. Vier olivgrüne Mädchen drängten sich darin, von atemberaubend schön bis eher ziemlich picklig, zum Teil sogar beides gleichzeitig.
»Fahren Sie noch in den Libanon?«, wurde ich von der Allerschönsten barsch angemacht, wenn das das richtige Wort dafür ist. Ich nickte ergeben. Hier bloß nichts falsch machen. Weil ich vorhatte, noch in diverse arabische Länder zu reisen, musste ich unbedingt darauf achten, keinesfalls einen israelischen Stempel in meinen Reisepass zu kriegen, sondern auf ein Extrablatt. Sonst würde man mich nämlich nirgendwo mehr reinlassen.
»Was soll der Blödsinn mit dem Stempel?«, fragte ich Majari »Das macht doch überhaupt keinen Unterschied. Ich meine, denen ist doch klar, dass alle möglichen Leute sich in Israel den Stempel auf ein Extrapapier geben lassen. Und wieso akzeptieren die Israelis, dass ich einen Stempel aus dem Libanon in meinem Pass habe, aber nicht umgekehrt?«
»Israel ist eben ein weltoffenes, demokratisches Land.«
»Ach ja, natürlich.«
Majari machte ein Die-Wege-des-Herrn-sind-oft-unergründlich-Gesicht und erzählte die herzzerreißende Geschichte eines italienischen Diplomaten, dem das Stempel-

Malheur passiert war und der deshalb die Geburt seines Kindes in Beirut verpasst hatte. Bald waren wir abgefertigt. Wir liefen aus dem Gebäude zurück zu unserem mittlerweile glühenden Jeep, als eine schwerfällige Grenzsoldatin mit Gewehr aus dem Gebäude platzte, hinter mir herrief und -rannte. Ich hielt an und wartete auf sie. Als sie endlich bei mir ankam, japste sie:

»Bitte, den Passport.«

»Den Passport«, echote ich.

»Ja. Haben Sie einen Diplomatenpass?«

»Nein«, antwortete ich und fühlte mich ertappt und un-cool. Betreten gab ich ihr meinen Normalo-Reisepass.

»Ist das ein regulärer deutscher Passport?«

»Das ist ein regulärer deutscher Passport«, sagte ich wahrheitsgemäß und zu meiner eigenen Verwunderung ein wenig stolz.

Es muss recht befriedigend sein, sich von jemandem demütig den Ausweis zeigen lassen zu können. Seit heute Morgen hatte ich ihn gefühlte 50 Mal präsentiert. Als die Soldatin sah, dass ich zur Besatzung des Diplomaten-Jeeps mit der kuriosen Kiste gehörte, aus dem Majari jetzt wild mit allen möglichen Papieren und Dokumenten winkte und fuchtelte, ließ sie uns ziehen. Endlich schlugen wir in der Westbank auf.

BETHLEHEM

»Es ist eine sengende, unfruchtbare, abstoßende Einöde. Ein Schweigen brütet über der Landschaft, das die Stimmung niederdrückt.«
MARK TWAIN,
»Die Arglosen im Ausland«

Unsere Fahrt durch die sehr karge, sehr langweilige, eben: wüste Wüste setzte sich auf einer neuen, komfortablen und kaum befahrenen Straße fort, die nur für Israelis und ausländische Diplomaten zugelassen war. Wir passierten Oasen mit zerzausten Dattelpalmen und staubigen, blasierten Kamelen, mit denen man sich gegen Geld fotografieren lassen konnte. Wir umkurvten ultraorthodoxe jüdische Siedlungen, mit denen man sich nicht fotografieren lassen konnte, auch nicht gegen Geld.

Um mir das besser zu erklären, hielt Majari den Jeep an. Quietschend kamen wir unterhalb einer solchen Siedlung zum Stehen. Wie eine Mischung aus Wehrburg und Feriendorf hockte sie dort auf dem Hügel und schaute uns unfreundlich an. Das wäre sehr schwer, so eine Siedlung gegen ihren Willen einzunehmen, spekulierte ich.

»Einmal haben sie mich genau von dort oben, haha, beschossen«, lachte Majari.

»Hahaha«, machte ich blöde. »Was geht'n, Alter. Warum das denn?«

»Ich habe halt angehalten und sie gefilmt. Das mögen sie nicht.«

Majari wies auf das Einschussloch in der Tür, genau auf Höhe meines Oberschenkels. Er hatte in Moskau Film studiert und in Tadschikistan als Kameramann gearbeitet. Er war ziemlich unerschrocken und damit genau der richtige Mann für den Posten in Ramallah.

Wir saßen noch eine Weile nachdenklich und still im Jeep, nur der Wind knatterte in Plane und Fahne. Zumindest ich hätte nichts dagegen gehabt, bald weiterzufahren. Jede Sekunde erwartete ich den peitschenden Knall eines Schusses. Endlich startete Majari den Motor, und wir rollten weiter.

»Wie ist der aktuelle Stand der Dinge?«, wollte ich wissen.

»Gaza ist jetzt definitiv gecancelt. Die israelischen Behörden haben uns keine Einreisegenehmigung erteilt.«

Er sagte das ganz ruhig und sachlich, aber an einem Beben in seiner Stimme merkte ich, dass ihn das wurmte. Majari hätte es bestimmt großartig gefallen, zwischen den Panzern hindurch zum kulturellen DJ-Konzert zu schreiten. Und ich wäre auf jeden Fall mit der Plattenkiste hinterhergedackelt, so viel stand fest. Stattdessen machte ich mich nun mit dem innovativen Gedanken vertraut, noch heute Abend am Geburtsort von Jesus Christus, in Bethlehem, Platten aufzulegen. Außerdem würde ich dort vorher, in einer guten Stunde schon, mit einem Dutzend palästinensischer DJs zusammentreffen, um internationale DJ-Dinge zu besprechen.

»Deswegen werden wir auch heute Nacht Herberge in Jerusalem nehmen«, sagte Majari. »Das ist praktischer. Morgen geht es dann weiter nach Ramallah.«

»Alles klar, Jerusalem, auch nicht schlecht«, freute ich mich.

All diese Orte – Bethlehem, Jerusalem, Ramallah – sind ein einziges zusammenhängendes Konglomerat, sie verhalten sich zueinander wie Hürth, Köln und Leverkusen, nur eben strukturiert durch endlose israelische Checkpoints und kreuz und quer durchschnitten von der fiesen neuen Mauer anstelle des Rheins.

Bis zu diesem Zeitpunkt war mir nicht bewusst gewesen, dass ich auf dieser Reise auch Jerusalem betreten würde. Als wir bald von einer Anhöhe herab im Dunst eine Silhouette ausmachen konnten, sagte Majari gelassen:

»Da sind wir ja schon. Das ist die Stadtgrenze. Hier beginnt Jerusalem.«

Prompt hatte ich einen Kloß im Hals, und meine Augen wurden unerwartet feucht. Viele Jerusalem-Besucher bestätigen diesen Reflex. Der Anblick dieser Stadt senkt sich mit dem Druck von dreitausend Jahren auf Gemüt und private kulturelle Prägung, sobald man sich ihr nur nähert. Alle möglichen Leute, mit den verschiedensten Absichten und Ausrüstungen, hatten im Lauf der Jahrhunderte in der Heiligen Stadt Einzug gehalten. Ich tat es nun mit einer DJ-Konsole und einer Plattenkiste.

In der Pilgerburg Notre Dame De France bezogen wir karge Klausen ohne Fernseher und Minibar. Auch dieser fromme Ort hatte eine jahrhundertealte, wechselvolle Geschichte. Noch vor gar nicht allzu langer Zeit, in den 60er Jahren, war er eine Weile Stützpunkt der israelischen Armee gewesen, nicht ohne vorhergehenden, gründlichen Granatenbeschuss. Papst Paul VI. persönlich forderte die Immobilie zurück in den Schoß der katholischen Kirche.

Wir gingen eine Portion gegrilltes Huhn mit Reis essen, gegenüber dem Damaskus-Tor. Dann wurde es Zeit, sich gen Bethlehem zu begeben. Der kurze Weg dorthin zog sich in die Länge.

Wir bremsten am Ende einer beträchtlichen Schlange. Müde studierte ich die Wachtürme, Geschütze, Stacheldrahtrollen, Fahnen, mehrsprachigen Hinweisschilder und diversen Autos, die unverrichteter Dinge wieder umkehren mussten, weil irgendwas an ihnen suspekt war. Ich fragte Majari:

»Und warum ist jetzt hier ein Checkpoint?«

»In Bethlehem? Warum sie jetzt hier nach Bethlehem hinein so kontrollieren ... gut, damit kein Sprengstoff reingebracht wird. Raus angeblich, damit keiner nach Jerusalem kommt. Die Leute aus Bethlehem dürfen nicht nach Jerusalem. Die haben alle Familie dort, und es ist eigentlich nur ein Stadtteil. Aber die haben hier teilweise ihre Familien seit sechs Jahren nicht gesehen«, sagte Majari. Ich dachte über diesen traurigen Umstand nach und schaute mich weiter um.

»Kommen wir eigentlich an dieser neuen Mauer vorbei? Sehe ich die noch?«

»Ja, ja, da vorne wird sie gebaut, da ist sie schon, da.« Er zeigte hinüber zu einem Sandberg in der Gegend. Dahinter ragte sie auf, in voller Größe. Die Berliner Mauer war dagegen mickrig gewesen.

»Ziemlich übel. Da sollte man mal ein Konzert machen. Es gibt alle möglichen Leute, die was an der Mauer machen. Teilweise skurril, teilweise politisch ernsthaft. Es gab da neulich eine kleine Modenschau, halb nackte Models posierten an der Mauer ...«

Ich fragte: »Das waren dann aber israelische ...?«

»... israelische Modefirmen, ja. Die wollten so ein bisschen Schockwerbung wie Benetton machen.«

»Aha.«

Majari gähnte und steckte mich damit an. Am Checkpoint verdämmert man Tag um Tag, nur weil man in die Südstadt muss.

Irgendwann waren wir an vorderster Stelle und blickten auf einen engen Zickzackkurs aus Betonsperren, ein so genanntes Khomeini-Gate. Diesen Kurs galt es nun zu meistern. Mir war erklärt worden, dass es dafür von Checkpoint zu Checkpoint verschiedene Regeln gibt: Entweder musste man sehr langsam zwischen den Hindernissen hindurchfahren, um genau studiert werden zu können – man durfte auf keinen Fall anhalten. Sonst hätten die Soldaten gedacht, es sei eine Bombe an Bord, und man würde beschossen. Oder man musste genau in der Mitte zwischen den Hindernissen anhalten. Wenn man weiterfuhr, hätten die Soldaten gedacht, es sei eine Bombe an Bord, und man würde beschossen. Der Trick bestand darin, zu wissen, um welche Art es sich jeweils handelte.

Majari war sich in diesem Fall nicht ganz sicher. So eierten wir, ohne völlig stehen zu bleiben, aber auf eine anhaltende Art, um die Betonblöcke herum. Auf der anderen Seite angekommen, kontrollierte eine weitere betörende Soldatin mit umgehängter Uzi unsere Papiere. Majari machte ein wenig Smalltalk mit ihr:

»Kalt heute, was?«

»Was?«

»Er ist kalt heute, der Wind.«

»Er ist nicht kalt, und er ist nicht warm.«

Ihr Verhalten war eindeutiger als der Wind. Rasch beendete Majari den Flirt.

»Ja, dann mal noch einen schönen Tag.«

Parallel beobachtete ich, wie kurz hinter dem Checkpoint ein übermütiger Esel einem etwa sechsjährigen verzweifelten Jungen in Bocksprüngen davonlief. Soweit ich den Esel verstehen konnte, brüllte er immer wieder:

»Freiheit!«

Ich beneidete den Esel für einen Moment, aber da wurde er von ein paar Männern auch schon wieder eingefangen. Jetzt freute ich mich für den Jungen.

60 Bethlehem war ein schmuckes Dörfchen, vor Jahren mit EU-Geldern sauber herausgeputzt. Es war weder für Juden noch für Moslems von höherem Interesse, sondern eigentlich nur für Christen. Für die war es natürlich stets ein allerheiligstes Ziel. Bis zum Beginn der zweiten Intifada, nach Scharons Besuch auf dem Tempelberg, lief das Geschäft mit den christlichen Pilgern auch prächtig, doch jetzt saßen die Händler einsam vor ihren Waren in den Basaren, während sich an den Wänden die modern gerenderten Photoshop-Poster der Märtyrer aneinander reihten.

Wir ließen uns telefonisch durch die engen Gassen der Altstadt lotsen, die Sonne im Rücken. Mittendrin war das Bethlehem International Center. Ein kühl-modernes, dennoch traditionelles, todschick designtes Gebäude, ausgestattet mit neuester Tontechnik und finanziert von der europäischen evangelischen Kirche. In dieser Bildungsstätte sollte ich auflegen. Es kam mir ganz normal vor, mit meinen Schallplatten überall hinzugehen, wo man nach mir verlangte. Trotzdem war diese Art von Einrichtung, dazu noch in Bethlehem, ein sehr merkwürdiger Ort für einen DJ. Wir luden aus, und Majari ging das Auto parken. Ich pendelte zwischen der kühlen Halle und der heißen Gasse hin und her und genoss den Kontrast. Dabei unterbrach mich eine sonore, deutsche Stimme aus dem Inneren des Gebäudes.

»DJ Hans Nieswandt?«

Ein junger, blonder Slacker in meiner Größe kam auf mich zu. Ich sagte:

»Ja.«

»Andreas.«

»Hallo, Andreas.«

»Ich war das, der die ganze Zeit mit Majari telefoniert hat.«

»Okay.«

»Farid ist drinnen?«

»Parkt gerade den Jeep.«

»Parkt den Jeep.«

Er dachte lange darüber nach und schaute dabei abwechselnd auf den Boden, an die Decke und auf mich. Ich fragte ihn nett, aber direkt:

»Was machst du?«

»Ich arbeite hier auch für das Institut.«

»Aha. Als Lehrer oder was?«

»Nee, als Assistent im Kulturprogramm. Ich bin hier nur für fünf Monate.«

Andreas kam aus Berlin und war in den nächsten Tagen so etwas wie mein persönlicher Betreuer. Wir packten den Sarg an beiden Enden an den Griffen und trugen ihn zum Aufzug. Dort wartete bereits ein weiterer Helfer. Zu dritt kippten wir den Sarg hochkant in den Lift und quetschten uns dann dazu. Nach einem kurzen Verschnaufen gab ich dem Helfer die Hand und sagte auf Englisch:

»Ich bin Hans.«

Er hielt sie gedrückt und sagte:

»Ramin.«

Andreas sagte: »Andreas«, und reichte ihm seinerseits die Hand. Manchmal kam man in dieser Gegend aus dem Händeschütteln gar nicht mehr heraus.

»Bist du aus Bethlehem?«, fragte ihn Andreas.

»Das bin ich. Hier geboren«, sagte Ramin. »Ihr seid Deutsche?«

»Ja«, sagte ich.

Ohne erkennbaren Grund begann Ramin gepresst zu kichern, fing sich dann aber wieder und fragte mich:

»Du arbeitest hier also als DJ?« Noch mal musste er sich kurz einkriegen.

»Naja, man hat mich hierher gebracht, damit ich einen Workshop mache und später ein bisschen Musik spiele für ... Na, schauen wir mal, was passiert. Vieles davon ist Techno. Elektronische Musik.« Bei den letzten beiden Worten machte ich mit den Händen ein paar beschwörende Bewegungen. Ramin begriff und nickte.

»Kenne ich. Nun, ich bevorzuge ... Ich mag den englischen und den ausländischen Pop. Aber ich bevorzuge Arabisch, so nennen wir hier die Musik der Oud und der Trommel. Es ist ruhiger, verstehst du, wenn man sich das einfach so anhört ...« Er hob lächelnd den Kopf, schloss träumerisch die Augen, flog für einen Moment davon und groovte zur Oud in seinem Kopf. Ich musste protestieren:

»Aber meine Musik ist nicht aggressiv!«

Er beruhigte mich sofort, als wäre ich ein harmloser Hooligan:

»Nein, nein, ich weiß, es ist nicht aggressiv, nein, nein. Aber das bevorzuge ich nun mal, denn ich spiele selbst die Oud.«

»Ah, okay«, atmete ich auf.

»Und ich gehe trotzdem gerne in Pubs, in denen Techno läuft.«

So etwas schien es hier also auch zu geben. Ich hielt kurz inne, mir war etwas aufgefallen:

»Fährt dieser Aufzug überhaupt?«, fragte ich in die Runde.

»Tatsächlich, er fährt gar nicht«, sagte Andreas.

»Oh doch, er ist nur sehr ruhig«, sagte Ramin stolz. »Diese Aufzüge sind speziell für Rollstuhlfahrer gemacht. Deshalb spürt man nie, ob man hoch- oder runterfährt«, behauptete er großspurig, bevor wir feststellten, dass wir wirklich immer noch im Erdgeschoss standen.

Im klimatisierten Konzertsaal im ersten Stock baute ich flink und routiniert die Konsole auf. Es gab ein kleines Problem mit einem der Plattenspieler. Ein Chinch-Stecker war unterwegs abgerissen, konnte aber vom Tontechniker an Ort und Stelle gelötet werden. In Deutschland hatte ich derartig patentes Problemlösen bis jetzt nur in der Roten Fabrik in Zürich erlebt, und das war in der Schweiz.

Kurz nach drei Uhr begannen die Workshop-Teilnehmer einzutrudeln: etwa 15 fitte Jungs Anfang bis Mitte zwanzig. Einige stellten sich umstandslos als wichtige DJs vor, die meisten befanden sich in einer tontechnischen Ausbildung, andere waren nur neugierig. In einer langen Reihe saßen sie gespannt vor mir und warteten darauf, was ich zu sagen hatte. Zwischen ihnen und mir stand der Sarg wie ein Altar.

Die Konsole machte ungeheuren Eindruck. Schon wegen des Showeffekts war ich jetzt richtig froh, dass ich sie mitgebracht hatte. Plattenspieler waren hier nahezu unbekannt, nur ein paar ältere Leute erinnerten sich noch undeutlich an sie. Alle Anwesenden spielten ihre arabische Popmusik ausschließlich von CD. Wenn es dafür überhaupt Gelegenheiten gab. In den palästinensischen Gebieten herrschte alles andere als Partytime. Es gab keine regulären Clubs oder Diskos, weder für arabische Musik noch für sonst irgendeine. Dazu war Musik für die Menschen hier viel zu sehr mit der Idee des Feierns verknüpft, und niemandem war nach Feiern zumute. DJ-Anlässe boten sich deshalb eigentlich nur in Form von Hochzeiten. Die wurden noch gefeiert. Die erwähnten Pubs habe ich aber nirgendwo finden können. Wer sich für westliche Elektronik-Musik interessiert, hört sie zu Hause per Internet.

Nach einigen elaborierten Eingangsworten – »Über weite Meere bin ich gekommen ... es ist mir eine große Ehre ...« – bat ich alle, näher zu treten, damit sie sich selbst einen Überblick über den genauen Aufbau eines typischen DJ-Set-ups verschaffen konnten. Der Haustechniker neben mir wurde nervös, zu Recht. Die ordentlich aufgereihte Situation vorher hatte ihm besser gefallen. Anders als ich kannte er seine Pappenheimer.

Die greifbare Möglichkeit zu scratchen, zum ersten Mal im Leben eine echte Platte unter einer echten Nadel hin- und herzuschieben, war für die meisten zu viel der Versuchung, das Faszinosum zu magnetisch. Erklärte ich am rechten Laufwerk die korrekte Justierung des Tonabnehmergewichts oder die Bedeutung der Slipmat, war am linken schon wieder jemand dabei, mit coolem Gesichtsausdruck und verheerendem Erfolg das Vinyl zu quälen. Es waren einfach temperamentvolle, schwer zu bändigende Jungs im Angesicht einer Maschine und eines Traums. Der Haustechniker spürte, dass die Situation dem Übungsleiter zu entgleiten drohte, schimpfte und scheuchte die Teilnehmer schnell wieder zurück auf ihre Plätze. Die Gemüter beruhigten sich, ich setzte meine Ausführungen fort und bat das Auditorium dann um Fragen.

Sofort hob eine erregte, kehlige Diskussion auf Arabisch an. Freundlich, aber hilflos lächelnd hörte ich zu, wartete ab und fragte mich, was zum Kuckuck es da so lang zu palavern gibt. Jetzt schien einer der Teilnehmer wütend zu werden und stürmte aus dem Saal. Schließlich wendete sich doch noch einer zu mir, der sich vorher als DJ Eli vorgestellt hatte; wohl der Erfahrenste in der Runde und durch üppigen Goldschmuck als Mann von hohem Status gekennzeichnet. Er fragte mich:

»Deine Art zu mixen, ist sie schnell oder langsam?«

»Nun, das kommt darauf an. Manchmal so, manchmal so. Man kann es nicht immer so sagen.«

Das Auditorium nickte und murmelte anerkennend. Dies war eine ehrliche, arabische Antwort. Wieder vertiefte sich die Runde in eine lange, auf- und abschwellende Debatte. Dann fragte mich ein anderer:

»Warum benutzt du keinen Pioneer-Mixer?«

»Nun, als ich die Kiste öffnete, war keiner drin, sondern ein Pult von Soundcraft. Man muss es nehmen, wie es kommt.«

Auch diese Aussage kam sehr gut an.

Nach zwei Stunden in diesem Stil war ich überaus ausgelaugt. Der Tag war bis jetzt schon ziemlich intensiv gewesen und noch lange nicht zu Ende. Ich bat Majari darum, mir eine Pause zu gönnen und bis zur Abendveranstaltung ein bisschen Distanz zu meinen temperamentvollen Schülern zu schaffen.

»Lass uns jetzt doch mal bitte in Ruhe ein Bier trinken gehen«, schlug ich vor.

»Das ist eine gute Idee«, fand er.

Wir wanderten bergab die Altstadt hinunter. Bald erreichten wir einen großen Platz. Auf dessen linker Seite hatten die Schweden ein großes Peace-Zentrum gebaut. An keinem Platz der Welt wurde so viel von Frieden geredet und wurden dabei so viele Köpfe eingeschlagen wie im Heiligen Land, der blutgetränkten Heimat des milden Friedensfürsten.

Direkt gegenüber war er geboren worden. Auf der anderen Seite des Platzes stand die Geburtskirche von Jesus Christus. Von außen sah man zunächst nur eine hohe Mauer mit einem winzigen Eingang, höchstens einen Meter hoch. Zu Zeiten der osmanischen Herrschaft waren die Türken wohl gerne hoch zu Ross in die Kirche gesprengt. Damit das nicht mehr vorkam, war die Tür verkleinert worden.

Wenn man schon mal in der Gegend war, konnte man ja auch mal einen Blick hineinwerfen, dachte ich mir. Der Besuch erwies sich als starker Kontrast zu einem DJ-Workshop. Der gebückte Schritt durch die Pforte überbrückte mal eben 2000 Jahre Kulturgeschichte. Das Schiff war byzantinisch und sehr düster. Ich war noch nie in einem so alten Gebäude gewesen, das immer noch in Betrieb war. Ich kannte Ruinen, die waren wesentlich jünger.

Im hinteren, tiefer gelegenen Bereich der weihrauchgeschwängerten Halle war der angebliche Originalstandort der Krippe. Ein blondes, möglicherweise deutsches Jeansmädchen saß in die Ecke gekauert, dort, wo damals vielleicht der Ochse stand.

Während wir dort verweilten und ich mich fragte, was ich von all dem zu halten hatte, war ein kleines Männchen an uns herangetreten und wies nun unaufgefordert auf die verschiedenen mystischen Wundmale, magischen Blutstropfen und israelischen Einschusslöcher hin, die diese Kirche verzierten.

Ende der 90er Jahre hatten sich etwa 250 palästinensische Kämpfer hierher geflüchtet. Die Belagerung durch die israelische Armee dauerte Monate, die Kirche wurde mit Tränengas vernebelt, während christliche Priester aller Fraktionen, von griechisch-orthodox bis katholisch, dort ausharrten. Issa, unser spontaner Führer und Hausmeister der Geburtskirche, deutete auf einen uralten Kopten, der uns in einem Seitentrakt singend entgegenkam:

»Dieser weise Mann war bei allem dabei.«

Der Opa sah aus wie der liebe Gott persönlich, jedenfalls so, wie ihn sich kleine christliche Kinder vorstellen, mit langem, zotteligem, schlohweißem Haar, Bart und Brauen, ein Lodern im Blick, im Wind flatterte das schwarze Gewand. Er machte schwer was her. Nebenan, im römisch-katholischen Teil der Kirche, war gerade Gottesdienst. Das Schiff war bis auf den letzten Platz besetzt, wunderbar klangen die Choräle in den archaischen Mauern.

Tiefes Durchatmen, als wir wieder ins Freie zurücktraten. Der Tag ging zu Ende, Bethlehem war ruhig geworden, es waren kaum noch Menschen auf der Straße. Endlich fanden wir eine Falafelbude, zwar ohne Bier, aber immerhin eine kleine Stärkung. Dann wanderten wir zurück ins International Center, wo schon einige Gäste auf den Beginn meines Konzerts warteten. Nicht viele – weil die Show ziemlich kurzfristig aus Gaza abgezogen worden war, konnte kaum Werbung gemacht werden. Außerdem kam man abends noch schwerer aus Bethlehem hinaus als tagsüber.

Die meisten Zuhörer waren Kinder aus der hiesigen deutschen Schule, die sich bereits in der ersten Reihe niedergelassen hatten. Zwischen den Stuhlreihen und der Bühne, auf der die Konsole stand, war ein eventueller Dancefloor freigehalten worden.

In der Bar des Bethlehem International Centers wurde tatsächlich leckeres palästinensisches Bier ausgeschenkt. Das gute Taibeh wurde von christlichen Arabern in einem kleinen palästinensischen Dorf nach dem deutschen Reinheitsgebot gebraut. Leider durfte man es nicht mit in den Saal nehmen, sodass das Auditorium sich noch etwas gedulden musste.

Dann enterte ich die Bühne und eröffnete das erste kulturelle DJ-Konzert meines Lebens mit einem Ambienttrack von Adolf Noise: »Bäume strahlen Stress aus«. Ich griff zum Mikrofon, und während ich noch nachdachte, ob das eine gute Idee ist oder nicht, sagte ich bereits feierlich:

»Salam aleikum.«

Im Bühnenlicht konnte man nicht erkennen, wie rot ich dabei wurde. Aber aus dem Saal kam es unisono zurück:

»Aleikum al Salam.«

Das gab mir Sicherheit, und ich sprach einige erläuternde Worte:

»Herzlich willkommen, meine Damen und Herren, liebe Kinder. Es ist für mich eine riesige Ehre, heute für Sie spielen zu dürfen. Ich bin zum ersten Mal in meinem Leben in Middle East und hätte mir niemals träumen lassen, eines Tages ausgerechnet in Bethlehem Platten aufzulegen. Ich darf Ihnen nun einen Querschnitt feinster deutscher elektronischer Musik präsentieren, aus Städten wie Köln, Berlin, München, Hamburg, Frankfurt und einigen anderen, von denen Sie vielleicht noch nie gehört haben.«

Ich hielt einen Moment inne und beobachtete das aufmerksam zuhörende Publikum. Dann fügte ich hinzu:

»Dort, wo ich herkomme, tanzen die Menschen zu dieser Art Musik bisweilen ausgelassen umher. Fühlen also auch Sie sich frei, es selbst einmal zu versuchen. Oder, falls jemandem mehr nach Singen zumute ist: Das Mikrofon ist offen.«

Und mit »1974« von Robag Wruhme stieg ich in das eigentliche Set ein. Kurz darauf kam Ramin – der aus dem Aufzug – zu mir auf die Bühne und meinte:

»Wenn die Musik langsamer wird, würde einer der Jungs gerne was rappen.«

»Echt? Gerne. Ich werde sofort nach etwas Passendem suchen.«

Ramin berührte meine Schulter.

»Er ist ein Cousin von mir.«

Und schon stand der kleine Achmed auf der Bühne und rappte auf Arabisch zu Beats von Deichkind und den Beginnern. Sein weiblicher Fanclub machte vor der Bühne Formationstänze. Er war nicht der nächste 50 Cent, aber es war lustig. Für eine Weile.

Wie für jeden richtigen Rapper war es auch für Achmed fast unmöglich, das Mikrofon irgendwann auch wieder aus der Hand zu geben. Ich war mir nicht sicher, hatte aber den Eindruck, dass er seit einer Viertelstunde denselben Vierzeiler wiederholte. Eine Gruppe halbwüchsiger Breakdancer kam jetzt dazu. Einer von ihnen hatte atemberaubende Moves in petto und sprang nach einer kleinen Demonstration ebenfalls auf die Bühne. Er wünschte einen Track von Puff Daddy. Damit konnte ich nicht dienen. Alles, was ich hatte, waren etwa sieben Hamburger HipHop-Scheiben. Der Rest war House und Techno. Da kämpft man sich durch bis Bethlehem, um den Menschen die Nachricht von deutscher Elektronik zu bringen, und dann wollen sie den gleichen US-Pop-Rap wie überall auf der Welt. Ich spürte, wie mir nun langsam die Stimmung verpuffte.

Gegen halb zehn war Schluss, alle Kinder kletterten noch einmal auf die Bühne und bedankten sich überschwänglich bei mir – auf Deutsch:

»Sie haben uns sehr glücklich gemacht!«, sagte ein Mädchen.

»Sie sind sehr fantasievoll!«, ein anderes.

»Das heißt sehr fantastisch«, verbesserte sie eine Dritte. Ich ergriff noch einmal das Mikrofon und bezeugte meinen Respekt vor dem Bethlehem Breakdance Massive. Wie in deutschen HipHop-Kreisen üblich, schickte ich noch ein halb ironisch-popreferenzielles »Peace« hinterher. Einen Moment später schämte ich mich bereits dafür. Denn aus dem Saal schallte es aus allen Kehlen, aufrecht, fest, überhaupt nicht ironisch und kein bisschen popreferenziell zurück:

»PEACE!«

Das Wort hatte hier eine tiefere Bedeutung als in Ehrenfeld oder Eimsbüttel.

Es ging zurück nach Jerusalem. Nachts war es ziemlich schwierig, sich in Bethlehem zurechtzufinden. Zwei- oder dreimal bogen wir falsch ab, immer in Richtung irgendwelcher Siedlungen, in die wir besser nicht geraten sollten. Endlich erreichten wir den Checkpoint. Ein vielleicht 18-jähriger Rekrut, der nur Russisch und Hebräisch sprach, war ganz heiß darauf, uns Ärger zu machen. Zum Glück sprach Majari ebenfalls fließend Russisch. Der Vorgesetzte kam dazu, mehr Russisch wurde geredet, geflüstert, geflucht und gebrüllt, dann wurden wir – »Dawai, dawai!« – eilig durchgewinkt.

Im jüdischen Teil von Jerusalem wollten wir noch ein wenig ausgehen. Majari empfahl zu diesem Zweck die örtliche Cinemathek. Auf dem Weg dorthin, während wir eine breite Straße überquerten, sagte er:

»Ach ja, ich bin übrigens verpflichtet, darauf aufmerksam zu machen, dass es einen offiziellen Botschaftshinweis für erhöhte Anschlagsgefahr gibt.«

»Das heißt?«, fragte ich und sah mich dabei verstohlen um.

»Nichts. Ich wollte es nur gesagt haben.«

»Gut. Wo geht's zur Cinemathek?«

Abgesehen von den Metalldetektoren am Eingang ging es dort auch nicht viel anders zu als in Berlin. Die Kellnerinnen waren gepierct, es gab Becks und Bagels. Im russischen Teil der Stadt beendeten wir den Abend schließlich mit Wodka in einer Kneipe namens »Putin«. Die Ukraine hatte heute den Grand Prix d'Eurovision gewonnen. Wir feierten mit, dann wankten wir ins Hotel. Das war ein langer Tag gewesen. Was hatte ich nicht alles erlebt! Was man nicht alles macht, um ein paar Platten aufzulegen – und wo es einen überall hinführt! Da hatte es mich als DJ doch tatsächlich ins Heilige Land verschlagen. Hier lag ich, in Jerusalem, und unten im Gepäckraum des alten Pilgerhotels schliefen meine Scheiben. Wenig später schlief auch ich.

JERUSALEM

> »*Derartige Beweise können von den müßigen Zungen der Krittler nicht beiseite geschoben werden.*«
> MARK TWAIN,
> »Die Arglosen im Ausland«

Wohltemperierte Bach-Fugen wanderten ihrem logischen Prinzip folgend immer wieder auf und ab. In der Lobby des Hotels Notre Dame De France schien eine matte, frühe Sonne durch vergilbte Gardinen. Staubteilchen schwebten in den Strahlen. Der Sonntagmorgen in Jerusalem war friedlich und ruhig, das Frühstück so kernig wie im Seniorenheim.

Majari war schon in aller Frühe mit dem Sarg und den Schallplatten nach Ramallah aufgebrochen. Man wisse ja nie, wie lange man unterwegs irgendwo aufgehalten werde. Es würde sich aber heute der Fahrer des Instituts um mich kümmern. Allerdings ohne Fahrzeug – den Jeep hatte ja er, und der neue Van hing schon seit Monaten im Zoll.

Als ich um zehn Uhr vormittags frisch geduscht aus dem Aufzug stieg, fläzte sich ein junger, arabischer Jeansboy mit zurückgegelten Haaren in einem der abgewetzten Sessel in der Nähe des Eingangs.

Als er mich sah, stand er halb auf, halb blieb er sitzen. Während dieser Übung fragte er träge:

»Hans?«

»Ramsi?«

Noch während ich Ramsi die Hand gab, ließ er sich schon wieder hinsinken, und ich mich mit ihm, im Sessel gegenüber. Er sah mich mit halb geschlossenen Augen an und erkundigte sich:

»Und? Geht's gut?«

Das verstand ich als Ermunterung für einen kleinen Bericht:

»Oh danke, mir geht's sehr gut. Gestern hatte ich einen ziemlich langen Tag – zuerst die Reise von Amman, dann nach Bethlehem, dann der Workshop, der Auftritt im International Center. Danach dann ...«

Ungeduldig unterbrach er mich:

»Bist du gläubig?«

Innerlich zuckte ich zusammen, fuhr aber souverän in meiner Rede fort, wechselte nur die Spur und griff sein irritierendes, neues Thema nahtlos auf, als wenn nichts gewesen wäre:

»... also als Kind, bis zum Alter von 14 Jahren etwa, war ich auf jeden Fall ziemlich protestantisch geprägt. Nach der Konfirmation kam die Neuorientierung. Es ist kompliziert, all diese Widersprüche ...« Meine Ausführungen wurden zunehmend kryptisch. Da unterbrach er mich schon wieder unwirsch:

»Aber du stellst Fragen?«

»Auf jeden Fall, doch, ich stelle Fragen, natürlich.« Also fragte ich Ramsi direkt: »Bist du denn gläubig?«

Jetzt war er perplex. Für einen Moment öffnete er weit die Augen, sah mich fassungslos an und sagte dann beinahe entrüstet:

»Ja, aber natürlich!«   **73**

Dies ist im Heiligen Land die einzig sinnvolle Antwort.

Ramsi gehörte zur kleinen Minderheit der christlichen Araber. In Palästina machen sie nur zwei oder drei Prozent der Bevölkerung aus und sitzen zwischen allen Stühlen: Für Araber sind sie keine Araber, weil sie Christen sind. Für Christen sind sie keine Christen, weil sie Araber sind. Die meisten der lässigen, jungen Männer, mit denen ich es dort zu tun hatte, waren arabische Christen. Manche hatten nette Schwestern – manchmal durften diese sogar in einiger Entfernung an separaten Tischen sitzen. Die meiste Zeit aber war kein Mädchen zu sehen. Viele dieser Jungs haben im Ausland studiert, in England, Deutschland oder den USA, und waren danach in die Heimat zurückgekehrt, um mit ihren neuen Kenntnissen in BWL, VWL und Maschinenbau zu helfen.

Andreas, der Assistent, gesellte sich zu uns, und wir brachen auf, damit uns Ramsi die Altstadt von Jerusalem zeigen konnte. Durch das Damaskus-Tor betraten wir nun eine völlig andere, aber ohne jeden Zweifel real existierende Gegenwart: das frühe Mittelalter.

Ich hatte schon viele mittelalterliche Städte besucht, zum Beispiel Meersburg am Bodensee oder Rothenburg ob der Tauber. Es war immer ein hübsch renoviertes, sauber aufgeräumtes, frisch gestrichenes Latte-Macchiato-Mittelalter gewesen. In Alt-Jerusalem dagegen befand man sich im wirklichen Mittelalter: mit steilen, heruntergelatschten mittelalterlichen Treppenstufen, auf denen man ausrutschte, tief hängenden mittelalterlichen Deckenbalken, an denen man sich den Kopf stieß, und einer mittelalterlichen Kanalisation, die man riechen konnte. Die Häuser und Wohnungen waren auf-, über- und ineinander gebaut. Überall im düsteren Labyrinth öffneten sich enge, niedrige Durchgänge wie in einem Computerspiel. Praktisch die gesamte Fläche war überdacht. Alles sah genauso aus wie in dem Film »Das Leben des Brian«. Hätte nicht arabische Popmusik aus den Buden für Raub-CDs und Handy-Fronten geplärrt, es hätte jedes Jahrhundert seit Beginn der modernen Zeitrechnung sein können. Halbwüchsige Jungs mit Holzschubkarren ratterten die Gassen hinauf und hinunter, bepackt mit gehäuteten Lammhälften, riesigen Petersilienbüscheln oder einem großen Haufen Zwiebeln. Mokkaverkäufer paradierten mit schimmernden Kanistern auf dem Rücken durch den Souk.

Wie eine weiße Bohnenstange stach ich dort heraus, direkt ins erfreute Auge der Händler für Silberwaren, Plastikspielzeug, Keramik, Teppiche und Modeschmuck. Jedes Mal, wenn ich an einem Stand stehen bleiben musste, weil der Besitzer mich überschwänglich als engen Freund begrüßte, zog Ramsi mich mit düsterer Miene schnell weiter:

»Nicht sehr gut hier, gar nicht gut. Keine gute Qualität, keine guten Preise. Interessierst du dich für Silber? Ich kenne einen Händler. Er wird dir einen guten Preis machen. Ich denke, du kannst dort vielleicht einen Discount bekommen.«

Schon standen wir vor einer Nische mit silbernen Spiegeln, Ringen, Ketten, Armbändern und Weinkelchen. Das Sortiment unterschied sich in nichts von dem, was all die anderen Läden anboten. Der Patron war überglücklich, mich zu sehen:

»Der DJ aus Deutschland! Ich habe schon so viel von Ihnen gehört! Wie geht es Ihnen, mein Freund? Kommen Sie herein, seien Sie mein Gast. Tee?«

Offenbar hatte es da eine Art Prophezeiung gegeben. Er drückte mir eine kleine Tasse Tee in die Hand und pries die Güte seines Silbers anhand verschiedener Becher und Karaffen, die ich sorgfältig prüfen sollte. Ich hatte aber noch keine Lust auf Souvenirs und sagte zu Ramsi:

»Bitte erkläre ihm, dass Wohlgefallen meine Augen und Freude mein Herz erfüllt im Angesicht der Pracht seines Silbers und der Gerechtigkeit seiner Preise. Aber meine Mittel sind nur die eines bescheidenen Reisenden, und außerdem will ich erst noch ein bisschen mehr sehen, bevor ich einkaufe.«

Zerknirscht, aber höflich akzeptierte der Mann meine lahme Ausrede, und wir marschierten weiter bergan, Richtung Grabeskirche. Die Gassen in der Umgebung wurden jetzt angenehm leer. Aus Angst vor Selbstmordattentaten wagten sich nur noch wenige Touristen nach Jerusalem – nur solche, denen es mit ihrem Glauben so ernst war, dass das Risiko sie nicht kümmerte. Denn wenn es einen in Alt-Jerusalem erwischt, ist der Weg zu Gott ohnehin nicht mehr weit. Nachdem wir die deutsch-lutherische Erlöserkirche passiert hatten, standen wir nach einer weiteren Biegung auf dem Vorhof der Anastasis.

Direkt daneben war eine Moschee, von deren Minarett der Muezzin in diesem Augenblick die Gläubigen zum Gebet rief. Die aus seiner Sicht ungläubigen Nonnen und Pilger, die sich zur Kirche bewegten, ignorierten den scheppernden Gesang der Konkurrenz aus den Lautsprechern.

Neben der Eingangstür wies mich Ramsi auf eine Marmorsäule hin. Die Säule hatte einen langen, tiefen Riss. Er beschrieb mir dessen Entstehung, die ziemlich dramatisch gewesen sein muss:

»Zur Zeit der osmanischen Besatzung begann plötzlich ein enormes, weißes Licht zu leuchten aus dem Inneren des Grabes. Die Osmanen fürchteten sich und beschlossen, die ganze Kirche hermetisch abzudichten, um das Licht im Inneren gefangen zu halten. Aber dann brach das Licht sich durch diese Säule seinen Weg!«

Es bestand kein Grund, an dieser Aussage zu zweifeln. Schließlich sah ich den Riss mit eigenen Augen vor mir und konnte ihn selbst berühren. Bestimmt hatten damals auch sehr viele Zeugen das Ereignis beobachtet und es gleich weitererzählt. Und damit war es amtlich.

Ein buckliges Mütterlein in Schwarz drängte stürmisch an mir vorbei, küsste die Spalte, legte ihren Finger hinein und bekreuzigte sich. Ramsi folgte ihrem Beispiel. Dann ging er uns voraus ins dunkle Innere.

»Vorsicht. Du könntest stolpern.«

Sanft, aber bestimmt packte mich Ramsi am Arm.

Im Eingangsbereich der Kirche lag ein flacher, rechteckiger Stein auf dem Boden. Mehrere eingeschrumpelte, schwarz gekleidete Greisinnen hatten sich bereits auf ihn geworfen, um ihn zu küssen. Fragend sah ich Ramsi an.

»Der Stein, auf dem man Jesus wusch. Nachdem sie ihn vom Kreuz genommen hatten«, setzte er mich in Kenntnis.

Und schon sank auch er, der Jeansboy mit den Gelhaaren, auf die Knie vor die abgewetzte Platte, küsste seinerseits den von hunderttausend Knien und Küssen geschmirgelten Stein, während ich ein wenig dumm daneben stehen blieb. Er erhob sich cool und ging weiter voran, tief hinein in die uralte Immobilie.

Zum Zeitpunkt der Kreuzigung lag Golgota, die Schädelstätte, der Kalvarienberg, noch außerhalb der Mauern Jerusalems. Aber bereits zehn Jahre später gehörte der schicksalhafte Ort zum Stadtgebiet. Um religiösen Umtrieben einen Riegel vorzuschieben, ließ der Römerkaiser Hadrian das Grab zuschütten und auf dem Hügel pikanterweise ausgerechnet eine Statue der Venus errichten. Vielleicht war es aber auch Tyche, die griechische Göttin des Glücks. Man weiß es heute nicht mehr so genau, es war auf jeden Fall krass für die frühen Christen.

Konstantin, der Gründer von Konstantinopel und erster christlicher Kaiser Roms, befahl um das Jahr 325 die Freilegung des Grabes. Kurz darauf fand seine Mutter Helena auch die Stätte der Kreuzigung und sogar das Kreuz selbst wieder. Sie fand einfach alles, was sie finden wollte. Woher sie wusste, dass es sich nicht um irgendein Grab, sondern wirklich um das von Jesus handelte? Nun: Offensichtlich war es durch Graffiti markiert worden, sodass man es einfach nachlesen konnte. Dies sollte auch Otto Schily von der Nützlichkeit der Graffitikultur überzeugen.

Weil alles so nah beieinander lag, ließ der kluge Konstantin einen sinnreichen, spektakulären Komplex errichten, der alle zentralen Schauplätze mit einbezog: den Kreuzigungsort, das Grab, den Fundort des Kreuzes und dazu noch den Mittelpunkt der Erde. Von diesem Punkt entnahm Gott der Überlieferung nach den Lehm, aus dem er Adam formte. Wie praktisch, dass alles so nah beieinander lag! Sogar das Grab von Adam hat hier seinen Platz.

Einige Mauerreste dieser frühbyzantinischen Phase sind noch erhalten, auch wenn die Kirche seitdem immer wieder zerstört, wieder aufgebaut, zerstört, geplündert, wieder aufgefüllt, ausgebrannt und wieder aufgebaut wurde. Heute steht sie verhältnismäßig gut da, besser jedenfalls als nach Saladins Stippvisite vor etwa tausend Jahren. Seit rund 1700 Jahren knubbeln sich hier nun diverse altehrwürdige Spielarten des Christentums.

Weihrauchschwaden waberten im Zwielicht. Durch die schaurigen, nur von Kerzen illuminierten Hallen schlurften murmelnd glatt rasierte römisch-katholische Franziskanermönche. Wie Paradewagen glitten prächtige Patriarchen der griechisch-orthodoxen Gemeinschaft mit gewaltigen Gewändern und fluffigen Fusselbärten durch die Gänge, so wie es auch die abstrakten armenischen Monophysiten und koptischen Kappenträger bevorzugen. Dabei achteten alle streng auf die ihnen zugedachten Zonen. Alle Fraktionen haben in der Kirche ihre eigenen Zuständigkeitsbereiche, um die sie sich im Lauf der Jahrhunderte wegen einiger unbedeutender Auffassungsnuancen aber immer wieder heftig geprügelt haben. So dominierte zur Zeit der Kreuzzüge die Westkirche sowohl architektonisch als auch administrativ den Kultkomplex. Nach deren endgültiger Vertreibung durften jahrelang nur ein paar syrisch-orthodoxe Mönche das verwohnte Gemäuer pflegen. Sultan Sowieso verfügte schließlich die diversen Zuständigkeiten ein für alle Mal und baute eine interessante soziale Sicherung ein. Bis heute befindet sich der Schlüssel zur Grabeskirche in der Hand einer muslimischen Familie. Ausgerechnet! Jetzt ist das natürlich alles zeremonielle Folklore und Teil der Liturgie. Andererseits kann man sicher sein, dass hier nie jemand irgendetwas vergisst und im Zweifelsfall, wenn es hart auf hart kommt, auf uralte, unveräußerliche Rechte pochen wird.

Außerdem erhob der Sultan phasenweise Gebühren für die Nutzung des Objekts, was zu einem zeitweiligen Auszug der äthiopisch-orthodoxen Gemeinschaft führte, die sich die Miete nicht leisten konnte. Diese hatten traditionell das Dach der Kirche bewohnt und es in ein kleines, afrikanisches Lehmhüttendorf verwandelt. Während ihrer Abwesenheit kümmerten sich die Kopten darum. Seit ihrer Rückkehr zoffen sich nun Kopten und Äthiopier um die Hoheit über diesen ärmsten Teil des mit Reichtümern voll gestopften Baus. Die kleine Kapelle hier oben hatte nur einen verbrauchten Linoleumboden, dafür ging es in der *small black church* vergleichsweise *soulful* und *irie* zu.

Bis man dort oben angekommen war, hatte man ein Panoptikum der Heiligkeiten und Wunder passiert, dass einem schwindlig wurde. Als wir die große Kuppel betraten, führte Ramsi uns zunächst in ein paar Seitengänge – rohe, einfache Grotten, in denen einst Könige und Kreuzritter bestattet lagen. Die Kuppel wölbte sich in weiter Höhe über einer kleinen Kapelle, dem Grabbau. Dieser wurde von den Griechisch-Orthodoxen betreut, wobei aber die Kopten an der Rückseite unbedingt noch einen eigenen kleinen Anbau haben mussten. Der imposante Priester gewährte jeweils drei Personen gleichzeitig Zugang zum eigentlichen Grab des Herrn. Willenlos und betäubt betrat ich gebückt die kleine Kammer, in der im warmen Licht der Kerzen einiges an üblem Kitsch zu sehen sowie ein weiterer Stein zu küssen und zu streicheln war.

»Das ist der Stein, auf dem Jesus in seinem Grabe lag«, **79** hatte mir Ramsi noch schnell zugeflüstert, bevor ich eintrat.

Von Weihrauch ganz benebelt, zündete ich hier drei Kerzen an.

Ramsi wetzte weiter durch die heiligen Hallen, in denen er sich bestens auskannte. Alle paar Meter sank er auf die Knie, küsste Boden und Wände, bekreuzigte sich und erläuterte uns die vielen Wunder. Über ein altes Marienbild, das in einer schummrigen Ecke hinter Gittern hing, wusste er:

»Wenn du es im richtigen Winkel ansiehst, kannst du erkennen, dass die Madonna weint.«

Ich versuchte es aus allen erdenklichen Richtungen, bis ich mir tatsächlich einbilden konnte, eventuell eine Träne gesehen zu haben. Ein paar Meter weiter blieb er wieder vor einem Gemälde stehen – diesmal mit Jesus als Schmerzensmann, soeben frisch vom Kreuz genommen.

»Vor drei Jahren begann sein Schienbein plötzlich zu bluten – echtes Blut. Es passierte einen Monat vor Ausbruch der zweiten Intifada.«

Er warf mir einen gleichzeitig triumphierenden und forschenden Blick zu und lief dann weiter voraus, ein paar Treppen hoch, zu noch einem maßlos überdekorierten Altar voller Gold, Brokat und Kerzen. Unter dem Altar befand sich eine verschmierte Glasplatte, die ein in Silber gefasstes Loch beschützte. Nachdem Ramsi das Glas geküsst hatte, erklärte er auf Knien:

»Und hier geschah es. In diesem Loch steckte das Kreuz.«

Auch ich kniete mich hin und schaute tief in das Loch wie in ein Mikroskop. Was ich dort erwartete, weiß ich nicht. Es war dunkel, weiter nichts. Aber man kann davon ausgehen, dass die Stelle ziemlich authentisch ist, im Unterschied zu manchem Wunder, das hier geboten wird. Ein Kreuzigungsort, gerade einer damals schon bekannten Person wie Jesus, gerät über viele Generationen nicht in Vergessenheit. Nur dass er jetzt überdacht ist und in einer Kirche, wirkt irritierend.

80 Immer Ramsi hinterher ging es jetzt in einen Keller. Am Fuß der Treppe saßen hingesunken zwei weitere schwarze

Witwen. Sie sahen aus wie Maria und Magdalena persönlich. Alle Frauen in der Kirche hatten diesen Look. Hier unten soll Helena angeblich das Kreuz wiederentdeckt haben, auf einer antiken Müllkippe. So ging es labyrinthisch Escher-Haus-mäßig hoch und runter. War man eine lange Treppe hinuntergelaufen, befand man sich plötzlich auf der Spitze eines hohen Turms. Stieg man endlose Stufen nach oben, war man plötzlich in einer tiefen Zisterne, etwa der berühmten, fruchtbarkeitsspendenden Milchgrotte. Von hier aus gelangte man auf Umwegen zu einem sonnigen Innenhof mit einem Kopten-Shop, in dem ich religiösen Kitsch zum Festpreis erstand.

Nach vielen Stunden erst verließen wir die ehrwürdige, erhabene Grabeskirche. Es war später Nachmittag geworden.

Im Basar begannen die Buden zu schließen. Das Geschäft lief miserabel, um die wenigen Kunden wurde zäh gerungen. Einem kleinen, glatzköpfigen Schmuckhändler gelang es, mich auf diese Mitleidstour in seinen Laden zu lotsen. Eine Kette aus Lapislazuli wurde sogleich zum Debattierpunkt. Ich machte ihm klar, dass ich keinerlei Absicht hätte, sie oder irgendetwas zu kaufen:

»Von weit her komme ich, bescheiden sind meine Mittel et cetera et cetera ...«

»'türlich, 'türlich«, unterbrach er mich lächelnd. »Es geht mir auch gar nicht darum, sie zu verkaufen.« Bei dem absurden Gedanken musste er kichern. »Alles, was mich interessieren würde, Freund, ist, ob Sie glauben, dass diese unfassbare Kette Ihrer Frau gefallen würde.«

Ich sah das blaue Ding noch mal an, musste es in die Hand nehmen und die Ware fühlen und gab es ihm schließlich zurück.

»Das könnte durchaus sein.«

»Natürlich könnte das sein! Das ist so! Es ist eine wunderbare Kette« – er legte sie sich jetzt selbst um den Hals –

»beachte die Zeichnung der Steine, mein Freund.« Er zwirbelte vergnügt seine Schnurrbartspitzen.

»Erstaunlich, wirklich sehr erstaunlich«, pflichtete ich ihm sinnlos bei.

»Darf ich fragen, woher Sie kommen, Reisender?«

Der Händler legte die Kette zurück in meine Hand.

»Ich komme aus Deutschland. Aber ich bin kein Tourist! Ich bin als Musiker unterwegs.«

Ich legte sie wieder in seine.

»Als Musiker! Wie überaus wundervoll! Sehen Sie, wenn Sie Amerikaner wären, würde ich einen überhöhten Preis verlangen. Aber Sie sind aus Deutschland! Ein gutes Land! Ich verlange von Ihnen als gutem Mann aus dem guten Deutschland für diesen Traum in Lapislazuli nur bescheidene 200 Euro.«

»Wie gesagt, habe ich nicht die Mittel, um Schmuck zu erwerben ...«

»Aber nur mal angenommen, Sie hätten die Mittel – wie viel wäre es Ihnen wert, Ihre Frau glücklich zu machen?«

»Keine Ahnung – 30 Euro?«

»30 Euro? Allmächtiger!« Der Mann schnappte theatralisch nach Luft. »Wissen Sie, wie schlecht die Zeiten sind? Wenn Sie gesagt hätten 150 Euro, gut. Wenn Sie gesagt hätten 130 Euro, gut.« Er schlug die Hände vors Gesicht, knetete die Längsfalten auf seiner Stirn, ging einen Moment tief in sich und sagte dann: »Wissen Sie was? Ich gebe Ihnen diese Kette für 120 Euro. Meine Frau wird mich dafür zwar steinigen, aber ...«

»Wie gesagt, habe ich keine Kaufabsicht und ...«

»Sie sind ein harter Fels, Fremder! Hart wie die Steine des Ölbergs! Für 100 Euro ist die Kette Ihre!«

»Tut mir Leid, ich ...«

»80 Euro!«

»Nein.«

»75! Und dieser Teppich!«

»Nein.«

»60 Euro!«

Ich fing an zu lachen. »Wirklich, ich ...«

Er nahm eine kleine, braune Packpapiertüte, steckte die Kette hinein und hielt sie mir mit gesenktem Kopf vor die Brust.

»Bitte. 30 Euro«, sagte er resigniert. »Von diesem Tag werde ich noch meinen Enkeln erzählen.«

In fünf Minuten hatte ich ihn von 200 auf 30 Euro heruntergehandelt. Kein schlechter Job, wenn die Kette nicht 2 Euro wert gewesen wäre. Trotzdem kaufte ich sie nicht und fühlte mich deswegen auch noch schlecht. Aber ich hatte wirklich kein Geld mehr übrig. Wenn ich noch welches gehabt hätte, hätte ich für Kette und Teppich bestimmt 250 Euro ausgegeben.

Bei einer Portion Hummus und rohen Zwiebeln verarbeitete ich das Geschehen, bei einer Tasse Kaffee mit Kardamom am Jaffa-Tor hatte ich es schon verdaut. Weiter ging es zur Burg von König David. Überall wehte jetzt die israelische Fahne. Anders als die Grabeskirche ist die Burg nicht mehr als solche in Betrieb, sondern nur noch ein modernes Museum, in dem die Geschichte des jüdischen Volks multimedial aufbereitet wird. Viele junge, israelische Soldaten und vor allem auch Soldatinnen tummelten sich zur Besichtigung auf den Zinnen. Ich hätte Lust gehabt, mit ihnen in Kontakt zu kommen, wusste aber nicht, wie. Alle hatten ihre Gewehre bei sich. Denn es ist ganz schlimm, wenn man als aktiver israelischer Wehrpflichtiger ohne seine Waffe in der Öffentlichkeit angetroffen wird.

Ramsi hatte seinen Kumpel Salim auf die Burg bestellt, ebenfalls ein smarter Junge, der in Glasgow Internationale Finanzwirtschaft studiert hatte. Er war erst seit kurzem wieder im Lande. Ein angenehmer, gebildeter Typ, der sehr gut Englisch sprach. Ich fragte ihn, ob man nicht auch in Richtung Tempelberg gehen könnte, um die Klagemauer und den Felsendom zu sehen. Salim meinte:

»Natürlich. Wir könnten das natürlich machen.«

Ramsi gab zu bedenken:

»Dann müssten wir aber durch das armenische Judenviertel ... okay. Wenn ihr beiden blonden Deutschen nicht dabei wärt, würden wir das niemals tun. Du kannst als Araber nicht einfach dort hineinspazieren. Sobald es Ärger gibt, drehen wir um, okay?«

Klar, als blonder Deutscher sah die Aktion natürlich völlig anders aus.

Die Gassen waren eng, aber hell. Die Fenster befanden sich hoch über unseren Köpfen, mit Gittern vor den geschlossenen Läden. Das Viertel wirkte wehrhaft und abweisend. Auf einem kleinen Platz mit Bäumen tummelten sich Schuljungen mit Brillen und Ringellöckchen an den Schläfen. Ihre erwachsenen Versionen standen in kleinen Gruppen ins Gespräch vertieft. Fünf Minuten später hatten wir von der Stadtmauer aus einen herrlichen Blick auf die vergoldete Kuppel der Al-Aksa-Moschee mit dem Felsendom daneben, direkt vor Al-Aksa sah man die Klagemauer. Auf der einen Seite bejammern die Juden ihr Schicksal, auf der anderen die Moslems das ihre. Christen sind auf keiner der beiden Seiten willkommen. Al-Aksa ist derzeit für alle Nicht-Muslime tabu. Wie ich mir sagen ließ, führen die Israelis jetzt unter Al-Aksa archäologische Grabungen durch, auf der Suche nach dem originalen Tempel von Moses. Geologen warnen vor den ungünstigen statischen Auswirkungen in diesem erdbebengefährdeten Gebiet. Al-Aksa könnte fallen.

»Doch sie machen natürlich weiter!«, sagte Salim schulterzuckend.

RAMALLAH

Von Jerusalem hatte ich genug gesehen. Es wurde Zeit, nach Ramallah umzuziehen. Wir nahmen dazu den Bus. Die Busse hatten ein interessantes Mittelformat und warteten am Busbahnhof gleich außerhalb der Altstadtmauern. Als wir einstiegen, waren schon fast alle Plätze besetzt. Ich fand einen am Fenster, Salim drückte sich neben mich. Die vielen Eindrücke hatten mich müde gemacht. Ich freute mich auf das neue Hotel und auf die Dusche. Um mich herum saßen zusammengesunken schweigend Menschen, sie dösten in der dumpfen Hitze. So auch der Fahrer. Irgendwann fragte ich Salim:

»Wie lange dauert es wohl noch, bis der Bus abfährt?«

»Das weiß niemand. Sobald er voll ist.«

»Aber er ist doch voll.«

»Da sind noch vier freie Plätze.«

Das stimmte. Wenn man ganz genau hinsah, waren zwischen all den Leuten im Bus tatsächlich noch vier Plätze frei. Ich sagte:

»In Deutschland wäre das völlig undenkbar. Der Bus fährt immer pünktlich. Selbst wenn der Fahrer sieht, dass gerade noch zehn Leute kommen, fährt er los, wenn es Zeit ist.«

Salim lächelte, nickte anerkennend und meinte:

»Hier bei uns ist Zeit nicht sehr wichtig. Sie mag für den Einzelnen wichtig sein, aber nicht dafür, wie öffentliche Dinge geregelt werden. Wenn ich eine Verabredung habe, achte ich darauf, dass ich pünktlich bin. Aber solche Dinge wie Busse – das dauert seine Zeit.« Er schwieg einen Moment und fügte dann bedächtig hinzu:

»Ich denke schon, dass es in der arabischen Welt einen Mangel an Zeitgefühl, einen Mangel an Zeitorganisation gibt. Es wäre besser, wenn man wüsste, dass dieser Bus um zehn Uhr abfährt.«

»Das wäre in vier Stunden. Das wäre nicht so gut.«

Nach und nach füllten sich die verbliebenen Plätze, und schließlich fuhr der Bus tatsächlich schnaufend ab. Durch einen lebendigen, unentwegt trötenden Fahrzeugstrom fuhren wir in Richtung Ramallah. Die Sonne stand tief. Salim blinzelte in sie hinein und sagte:

»Es war für mich ein bisschen schwierig, als ich aus Schottland zurückkam. Ich hatte dort sechs Jahre gelebt, und alles lief pünktlich. Daran hatte ich mich gewöhnt. Hier war dann alles etwas desorganisiert.«

Ich fand eigentlich alles okay und wollte nicht meckern oder Verbesserungsvorschläge machen. Es passte schon. Stattdessen sagte ich:

»Wenn du am Dienstagabend Zeit hast, kannst du ja zu meinem Konzert kommen. Es beginnt abends um acht Uhr, worauf du dich verlassen kannst. Das wird aber kein richtiges Konzert. Ich lege halt Platten auf und wer weiß, vielleicht wird es sogar eine Party.«

»Klar, warum nicht. Ich würde gern deine Musik hören.«

»Naja, wenn du sechs Jahre in Schottland warst, kennst du dich bestimmt mit Clubmusik aus.«

86   Salim nickte:

»Klar, ich steh total auf House.«

»Warst du in Glasgow in diesem legendären Club Tunnel?«

»Ja, der Tunnel ist sagenhaft. Und so groß! Gut organisiert! Die DJs spielen pünktlich! Sander Kleinberg hab ich dort gehört. Ich war auch im Cream in Liverpool. Das war auch gut. Aber ich weiß nicht mehr, welcher DJ gespielt hat. Steve Lawler und Trevor Nelson hab ich jedenfalls in Dundee gehört.«

»Ich hab auf dieser Reise überhaupt keine Platten aus England dabei, nur von kleinen Labels aus allen möglichen deutschen Städten. Dafür hat mich das Goethe-Institut ja eingeladen. Aber wenn ich in Deutschland auflege, spiele ich Musik von überall her, aus den USA, aus England, aus Finnland ... Aus Skandinavien kommt tolle Musik zurzeit.«

Salim nickte, dann fing er an, heftig zu grübeln.

»Ich hab den Namen vergessen ... ein DJ ...«

Ich sagte: »Ein skandinavischer DJ? Die heißen alle wie Skispringer und Langläufer: Jori Hulkonnen, Hakan Lidbo, Martin Venetjoki ...«

Langsam kam seine Erinnerung wieder.

»... Björk. Sie ist eine Sängerin aus Skandinavien, aus Finnland, richtig?«

»Island, genau. Da würde ich auch gerne mal hin. Das muss dort fantastisch sein.«

»Ich hab einen Bericht gesehen. Sie haben diese natürlichen Pools. Draußen ist es eiskalt, und die Pools sind ganz heiß«, sagte Salim.

»Die sind ein spezielles Volk, die Isländer. Sie glauben an Elfen, Zwerge und Feen.«

»Ja, in dem Bericht wurde auch erwähnt, dass es dort Zwerge gibt. Aber sie mögen es anscheinend nicht, wenn jemand sie sieht.«

»Ich streite mich nicht mit jemandem, der an Zwerge glaubt. Ich würde auch gern an Zwerge glauben.«

Bevor jedoch das Gespräch auf diesem Weg beim heiklen Thema Glauben landete, kam ich schnell wieder auf Musik zurück:

»Gestern war es lustig. Ich habe diesen DJ-Workshop in Bethlehem gemacht. Es kam mir vor, als wenn die DJs hier überhaupt keine Vinylplatten kennen.«

»Was ist das, Vinylplatten?«, fragte Salim.

»Vinylplatten? Na, gute alte Schallplatten eben!«

Er dachte eine Weile stirnrunzelnd nach und sagte dann vorsichtig:

»Ah, klar.«

Ich war mir nicht sicher, ob da wirklich etwas dämmerte, und fragte:

»Weißt du, ob es hier Geschäfte dafür gibt?«

Salim schüttelte den Kopf.

»Das glaube ich nicht. Vielleicht in Antiquitätenläden. Aber ich weiß nicht, wo diese Läden sind.«

»Und sie werden sicher keine DJ-Platten haben«, vermutete ich.

»Vielleicht auf der israelischen Seite«, schlug er vor.

»Ja, wahrscheinlich.«

Draußen zog eine weiche, hügelige Landschaft vorbei, nach den klaustrophobisch engen Gassen von Alt-Jerusalem war das jetzt angenehm. Nach einer Weile deutete Salim aus dem Fenster.

»Hier ist der Checkpoint. Ich zeige dir jetzt, wo ich wohne.«

»Aha, wenn man mit dem Bus fährt, muss man nicht am Checkpoint halten?«

»Nein, wir halten nicht, weil wir zurückkommen.«

»Ah, verstehe. Aber gestern wurden wir nach Bethlehem hinein und hinaus kontrolliert. Als wir zurückkamen, hat uns ein junger russischer Soldat gecheckt, vielleicht 18 Jahre alt, der war furchtbar.«

»Die wissen überhaupt nichts, diese Jungs. Da drüben wohne ich.«

Ich sah eine Menge locker über einen Hang verstreute Häuser und zeigte vage auf eines davon, während der Bus jetzt heftig wackelte.

»Dieses da?«

»Nein, dieses.« Wackelnd deutete er auf ein anderes Haus. »Das alte dort, mit dem grünen … Du kannst es von hier aus sehen. Ich lebe zwischen zwei Checkpoints. Wir sind die ältesten Leute hier. Mein Großvater hat alle Häuser auf dem Hügel entworfen, vor 40, 50 Jahren. Er hat mir erzählt, als er noch lebte, dass es vorher nichts dort gab. Und er hat sein Haus mitten auf den Berg gebaut.«

Man spürte Salims Heimatgefühl in seinen Worten.

»Es macht einen Riesenunterschied, hier zu sein oder die Situation nur von außen zu sehen«, sagte ich.

»Ja, es ist eine gute Erfahrung«, stimmte Salim zu. »Weil ich im Ausland gelebt habe, weiß ich, dass es viel Ignoranz gibt, was das betrifft, was hier passiert. In Schottland fragen mich die Leute, was bei uns los ist. Sie wissen nicht, worum es wirklich geht. Um Land, um Ressourcen, um Wasser, um all diese Dinge. Sie sehen nur, was im Fernsehen läuft. Es gab wieder eine Bombe. Wer zündete die Bombe? Palästinenser. Aber was hat diese Leute dazu gebracht?«

»Aber es ist im Westen auch ziemlich unbekannt, dass es einen ganz normalen, palästinensischen Mittelstand gibt, palästinensische Optiker, Zahnärzte, Musikalienhändler, alles. Man sieht nur Ruinen und Flüchtlinge in Elendslagern oder Selbstmordattentäter oder einen aufgepeitschten Beerdigungs-Mob, dem die Leiche runterfällt«, sagte ich.

»Ja, man sieht nie die gute Seite.«

Rumpelnd kam der Bus zum Stehen.

»Sind wir da?«, fragte ich.

Der Bus hatte sein Ziel erreicht – einen riesigen, chaotischen Taxistand im Staub. Die Fahrer schienen sich ihre Ziele und die Anzahl ihrer freien Plätze gegenseitig in die Ohren zu brüllen. Weil wir zu viert waren, mussten wir nur relativ kurz auf einen weiteren Passagier warten, dann war das Taxi voll. Arabische Musik dudelte aus dem Radio, als wir nach Ramallah rollten.

Erst mal sollte ich Ramsis Eltern kennen lernen. Wie fast alle älteren Eltern auf der Welt saßen sie im Wohnzimmer auf dem Sofa vor dem Fernseher, als wir eintrafen. Nachdem ich mich vorgestellt und gesetzt hatte und alle sich eine Weile angestarrt und angelächelt hatten, zappte der Vater, ein pensionierter Fahrlehrer, stolz durch das Programm: Viva, SAT 1 und RTL konnten per Satellit empfangen werden. Mutter ging türkischen Kaffee kochen und Kekse holen, ich saß platt auf dem Sofa. Im kleinen Wintergarten zwitscherte ein Dutzend hysterischer Kanarienvögel um die Wette. Vater versank wieder im Fernseher und ich in der Deko: Spitzenklöppeleien, Silberteller, Marienfiguren und Kitschlampen mit bunten Glühbirnen – bei meiner ostpreußischen Oma hatte es nicht viel anders ausgesehen. Endlich schlug Ramsi vor, mich ins Hotel zu bringen. Wir verabschiedeten uns höflich und stiegen in seinen Ford.

»Was dagegen, wenn ich rauche?«, fragte ich Ramsi und dann: »Hast du Geschwister?«

»Ich hab einen Bruder und drei Schwestern.«

»Oh mein Gott.«

»Eine große Familie. Drei sind verheiratet. Ich bin der Jüngste.«

»Aber er ist jetzt verlobt«, mischte Salim sich von der Rückbank aus ein. »Bald ist Schluss mit lustig.«

Dann beschrieb er ein typisches Westbank-Wochenende unter jungen Christen:

»Weil wir freitags nicht arbeiten dürfen, treffen wir uns oft donnerstagabends in Ramallah und bleiben dann hier, weil man nach zehn Uhr den Checkpoint nicht mehr passieren darf. Ramsi verfügt über ein leer stehendes Haus, wo wir Party machen, Karten spielen, Wein trinken. Aber jetzt hat der Herr ja eine Verlobte.«

Ramsi schlug vor:

»Lass uns mit dem Auto eine Runde drehen, ich will dir ein paar Sachen zeigen. Dann fahren wir zum Hotel.«

»Ja, klar, warum nicht. Super. Wie viele Leute leben in Ramallah?«, fragte ich.

»Ungefähr hunderttausend«, sagte Ramsi.

»Echt?«

»Vielleicht etwas weniger. Es ist sehr zerstreut.«

Mich erinnerte es komischerweise an San Francisco, es ging steil bergauf und bergab. Ramsi deutete auf ein großes, modernes Gebäude.

»Das ist das Kulturzentrum von Ramallah. Es wurde von der japanischen Regierung gestiftet. Mit Cinemathek, Bücherei, Theatersaal ... Da drüben ist es, richtig, Salim?«

»Ja, das weiße Gebäude.«

Ich sah etwas anderes, das meine Aufmerksamkeit fesselte:

»Was sind diese schwarzen Dinger auf den Dächern? Wasserspeicher?«

»Ja, die sind für Wasser«, sagte Salim.

Wir fuhren an einem beeindruckenden Palast vorbei, der wie das Weiße Haus aussah.

»Wow«, rief ich aus.

»Es gehört Christen. Die meisten Menschen in dieser Gegend sind Christen. Es ist eine schöne Wohngegend mit einer Menge wohlhabender Leute, die ganzen reichen Palästinenser wohnen hier. Kennst du Kurei? Den Ministerpräsidenten? Das da ist sein Haus in Ramallah«, erklärte Ramsi und zeigte auf eine weitere stattliche Villa. Als wir vor dem Royal Court Suite Hotel vorfuhren, meinte er abschließend:

»Diese Gegend hat eine Menge Potenzial. Eine Menge gute Zukunft.«

Das Royal Court war nicht protzig, aber von gehobenem Niveau. Ein typisches Hotel für ausländische Journalisten. Das Restaurant auf dem Dach hatte eine gute Küche und einen wunderbaren Blick über Ramallah. Ich machte mich rasch frisch, und eine Stunde später holten mich die Jungs schon wieder ab.

Es gefiel mir, in Ramsis Ford herumzucruisen. Endlich wieder eine normale Stadt, mit Bürgersteigen, Autos und Geschäften. Im abendlichen Ramallah atmete es sich weitaus leichter als im erdrückenden Jerusalem. Das konnte aber auch daran liegen, dass es ein Luftkurort ist – auch diese Info war mir neu. Wir parkten und suchten erst mal eine Falafelbude auf. Während wir aßen und ich das Treiben auf der Hauptstraße beobachtete, deutete Ramsi auf einen leer stehenden Neubau gegenüber.

»Demnächst soll dort drüben eine Disko eröffnen. Sie suchen noch einen Resident DJ. Vielleicht wär das ja was für dich.«

Fasziniert hing ich diesem Gedanken eine Weile nach. Eine Residenz in Disko Ramallah. House und Techno in einem Land, in dem Tanzveranstaltungen nicht geduldet werden. Das wäre schon eine Herausforderung. Laut Ramsi sollte der Laden auch eher in die schicke, balearische Business-Richtung gehen. Solche Clubs kannte ich aus Ankara und Kiew. Da könnte ich es weder dem Host noch der Hamas recht machen, das gäbe nur Ärger. Und so verwarf ich diese Fantasie schnell wieder.

Wir beendeten den Abend in einer Billardkneipe, spielten ein paar Runden und tranken dazu Cola. Team Palästina besiegte die deutsche Auswahl zweimal. Zu einer dritten Revanche kam es nicht mehr, denn um zehn Uhr schloss für Salim der Checkpoint. Er musste dringend los. Ramsi fuhr mich zum Hotel zurück. In der Bar nebenan nahm ich noch ein Bier und hüllte mich nachdenklich in eine Wasserpfeifenwolke.

●●●

Endlich schwieg der Muezzin. Sein Minarett war direkt auf der anderen Straßenseite, der Klang der Lautsprecher markerschütternd, selbst für meine strapazierfähigen Ohren. Aus heiterem Himmel hatte der Gebetsruf meine Yoga-Kontemplation zerrissen. Jetzt konnte ich wieder die besondere Atmosphäre des stillen Raums genießen, in dem ich mich befand.

Im leeren Ballettsaal des Ramallah Popular Arts Center machte ich gerade einen Handstand, als ein Mann namens Mohannad laut singend eine Lautsprecherbox hereintrug. So lernten wir uns kennen. Mohannad war Mitte vierzig, er konnte Anlagen aufbauen, Bärte trimmen und vieles mehr, mit dem man sich so durchschlägt. Ein redlicher Mann mit einem meckernden Lachen, das er nach Belieben ein- und ausschaltete. Das Goethe-Institut hatte ihn engagiert, um den DJ-Workshop mit Sound zu versorgen. Diese Aufgabe packte er nun energisch an, mit einem Lied auf den Lippen:

»Kabel, mein Leben ist voller Kabel, es ist ganz voller Kahabel ...«

Und fix waren die Strippen verlegt. Er bat mich, zum Test eine Platte aufzulegen. Ich hatte mal einen Remix für Hildegard Knef gemacht – »Bei dir war es immer so schön« –, der war gerade zur Hand. Der Track klang gut, doch eine Seite blieb still. Mohannad fummelte noch ein wenig herum und –

»Aaah, alright, okay!«, freute er sich.

»Was wäre Tontechnik ohne Troubleshooting«, lachte ich.

»Jawoll, Troubleshooting.«

»Es gibt immer so viele Möglichkeiten, etwas falsch zu machen. Manchmal fällt einem etwas ganz Bestimmtes einfach nicht ein.«

»Hahahaha. Du hast Recht. Manchmal ... vergisst man es. Tja. Tjatjatjatja.«

Die Anlage stand. Mohannad machte ein nachdenkliches Gesicht, als wenn noch etwas wäre, und sagte dann:

»Aber das Problem ist ...«

»Was ist das Problem?«, fragte ich.

»Das Problem ist: Ich habe nie das Scratch-Ding gemacht. Ich wusste nie, wie man den Scratch macht. Du wirst mich heute lehren. Du zeigst mir deinen Ansatz. Ich muss viel mehr wissen. Auch ich war einst ein DJ. Vor einer langen Zeit.«

»Woher hattest du die Platten?«

»Aus den Sechzigern, Siebzigern und den Achtzigern.«

»Ich meine ... wo hast du sie gekauft? Es gibt hier nicht viele Plattenläden für Vinyl.«

»So was kannst du hier nicht finden, auf keinen Fall. Niemand verkauft das hier. Ich hab sie in Tel Aviv gekauft, ich hab sie in Jerusalem gekauft. Ich war drei, vier Mal in den Staaten und hab sie von dort mitgebracht.«

»Und jetzt kannst du nicht einfach nach Tel Aviv fahren und dir dort Schallplatten besorgen?«

»Auf gar keinen Fall. Nach Tel Aviv zu fahren – für einen Typen aus Ramallah ist das ein Traum. Hahahaha. So ist das. Unglaublich, oder?«

»Sie könnten damit Geld verdienen.«

»Ich weiß. Sie könnten eine Menge tun. Wir haben viele Geschäfte zusammen gemacht.«

Den Workshop in Ramallah hatte ich besser im Griff als den in Bethlehem. Aber das Auditorium war auch kleiner, älter und ernsthafter, es waren teilweise Mitarbeiter des Dirigenten Daniel Barenboim. Zwei Stunden lang erklärte und demonstrierte ich das DJ-Dasein und mein Spezialgebiet, die deutsche Elektronik – für den nächsten Tag wurden individuelle, praktische Übungen für jeden Teilnehmer in Aussicht gestellt. Jeder sollte eigene Musik mitbringen, und wir wollten mal schauen, was daraus so zusammengemixt werden könnte.

94   Am Abend holte Majari uns zu einer Filmvorführung ab. Im Programmkino »Al Kasaba« lief die Dokumentation

»Arnas Children«. Oder, um genau zu sein: »De Kinderen van Arna«, denn die Kopie stammte aus Holland. Der Film handelte von einer israelischen Theaterregisseurin und ihrem Sohn, die Anfang der 90er Jahre in den Autonomiegebieten mit palästinensischen Kindern Stücke geprobt hatten. Damals waren die Kinder vielleicht zehn Jahre alt, heute entsprechend Anfang zwanzig, falls sie noch lebten. Viele von ihnen waren längst im Kampf oder als menschliche Bombe gestorben, wie uns gezeigt wurde. Hoffnungsvolle, lustige Kinder, tödlich verbittert mit 18, tot mit 20. Man sah israelische Panzer durch Nablus rollen, palästinensische Kids traten ihnen mit Steinzeitwaffen entgegen. Später gingen sie zu den Al-Aksa-Brigaden.

Nach dem Film standen wir eine Weile betroffen vor dem Kino herum, dann zog ein Grüppchen in das empfehlenswerte modern-arabische Designer-Restaurant »Ziryab« auf der Hauptstraße Rogab Road – man loungt dort komfortabel im ersten Stock und lässt sich gedämpften Fisch, Wasserpfeifen und Bier reichen. Dass in diesem Land derartige Lebensqualität geboten werden würde, hätte ich nicht gedacht. Dass hier ein moderner Mittelstand existiert, war mir vor meinem Besuch nicht bewusst gewesen. Der Unterschied zwischen dem Palästina aus dem Film und dem aus dem Restaurant hätte größer nicht sein können.

In der Nacht erschlug ich in meinem Zimmer vier Moskitos, während ich gleichzeitig auf CNN sah, wie im Süden des Gaza-Streifens, bei Rafah, Häuser platt gewalzt wurden, weil an der Grenze zu Ägypten der Grenzstreifen verbreitert werden musste. Dabei starben über zwanzig Menschen. Das war das Palästina, das ich aus den Medien kannte. Hier in Ramallah wirkten die Bilder fast wie Nachrichten aus einer anderen Welt.

● ● ●

Der nächste Morgen war ungewöhnlich ruhig. Vom Hotelbalkon aus war wenig Verkehr zu sehen, insgesamt wirkte die Atmosphäre eigenartig. Andreas holte mich am späten Vormittag ab, denn ich wollte shoppen gehen, vielleicht ein paar *kufiyehs*, Palästinensertücher. Er hatte gehört, dass es in der Nacht einen Stromausfall gegeben habe. Auf dem kurzen Weg vom Hotel zur Innenstadt sahen wir nur geschlossene Läden. Auf manchen Kreuzungen lagen verbrannte Autoreifen. Ich spürte ein Verlangen nach Kaffee. Aber wo wir auch hingingen, alle Cafés und Restaurants hatten zu. Also liefen wir ins Institut.

Hier gab es erst seit gestern Elektrizität. Das Goethe-Institut teilte sich das ganz neue Gebäude mit dem Institut Français. Damit auch von außen unmissverständlich deutlich wurde, dass hier nur neutrale Kulturschaffende tätig waren, hatte man auf dem Dach des vierstöckigen Gebäudes eine deutsche, eine französische sowie dazwischen die europäische Flagge gehisst. Korrekte und eindeutige Beflaggung war in einer Gegend, die Luftschläge kannte, von zentraler Bedeutung.

Majari machte ein geknicktes Gesicht. Er hatte schlechte Nachrichten.

»Es ist Volkstrauer ausgerufen worden.«

Die Maßnahmen am südlichen Gaza-Grenzstreifen, bei Rafah, die unter anderem einen besseren Schutz vor unterirdischen Schmuggeltunnels ermöglichen sollten, hatten viele Todesopfer gefordert. Unter anderem war angeblich eine Moschee während der Predigt bombardiert worden. Nachts hatten israelische Jeeps in Ramallah patrouilliert – deshalb die verbrannten Autoreifen.

Volkstrauer gehörte praktisch zum Alltag in den Autonomiegebieten. Es war eine selbstverständliche, solidarische Geste, über die man sich nicht hinwegsetzen konnte. Für die Volkswirtschaft war es natürlich lähmend, andauernd die Läden geschlossen zu halten. Ladenbesitzer, die ihr Geschäft trotzdem öffneten, gingen das Risiko ein, abgestraft zu werden. Bei näherem Hinsehen hatten dann doch einige Banken und Supermärkte die Hintertür geöffnet. Majari kannte sogar ein Restaurant, das man durch einen schmalen Spalt betrat. Ich fand das nicht pietätlos – man muss schließlich essen, ganz egal, was los ist.

Beim Lunch kam Majari schnell zum Punkt. Unter keinen Umständen wäre es möglich, hier heute Abend Platten aufzulegen oder irgendetwas zu tun, was auch nur ansatzweise nach Vergnügen aussah. Diese Nachricht traf mich wie ein dumpfer Schlag. Wozu dann der ganze Aufwand mit der Konsole und allem? Monatelang hatten wir darauf hingearbeitet. Nicht nur die palästinensische Jugend, auch das große, europäische Kontingent aus Franzosen, Schweizern, Spaniern, Italienern und Deutschen, die hier lebten, hatte dem Ereignis freudig entgegengesehen. Endlich sollte es vertraute Klänge aus der Heimat live zu hören geben. Dass daraus nichts wurde, war frustrierend – so frustrierend, wie das Leben in der Westbank nun mal meistens ist. Dass ich davon etwas abbekommen würde, war unvermeidlich. So machte ich es wie die meisten Einheimischen und nahm es schulterzuckend hin.

Um zwei Uhr nachmittags sollte der zweite Teil des Workshops beginnen. Für die gleiche Uhrzeit war inzwischen in der Innenstadt eine Demonstration angekündigt. Auf dem Fußweg vom Restaurant zum Popular Arts Center wuchs zunehmende Unlust in mir, unter diesen Umständen zu erklären, was ein System ist und wofür man Slipmats braucht. Dafür war ich viel zu aufgewühlt. Ich wollte zu der Demo. Dies teilte ich den Teilnehmern umgehend mit. Die Chefin des Hauses fand das einen guten Gedanken und machte folgenden Vorschlag:

»Warum verschieben wir den Workshop nicht einfach etwas nach hinten? Wir treffen uns hier wieder in zwei Stunden, und du machst dann bis sechs.«

Alle waren einverstanden. Wir sprangen in ein paar Autos und fuhren schnell ins Zentrum.

Wahrscheinlich hatte ich erwartet, Bilder wie aus dem Fernsehen live zu erleben. Vielleicht waren dies aber auch die Fernsehbilder, nur sahen sie in Wirklichkeit ganz anders aus. Jedenfalls empfand ich die Demo als eher klein und müde. Von einem wilden Mob war weit und breit nichts zu sehen. Das lag wohl unter anderem daran, dass jetzt fast niemand mehr durch die Checkpoints kam, wie mir erklärt wurde. Es wurde rhythmisch skandiert, ein paar Fahnen wurden geschwenkt, aber schon bald schien sich die Kundgebung wieder aufzulösen. An einer Wand sah ich ein frisches Graffito auf Englisch:

»The world closes its eyes, but we see all crime.«

Auf dem Weg zurück ins Popular Arts Center sah ich ein Plakat, das mitten auf einem Kreisverkehr angebracht war: »We shall return – Hamas«.

Ich fragte: »Das hängt hier nur einen Tag?«

Karim, einer der Workshop-Teilnehmer, meinte: »Nein, nein. Das ist ja eine legale Partei, die zweitstärkste. Wenn jetzt Wahlen in Gaza wären, würden sie die absolute Mehrheit holen. Die andere heißt Fatah, das ist die Partei von Arafat.«

Ich sagte: »Das gestern in dem Film waren Al-Aksa-Brigaden.«

Karim hatte den Film auch gesehen und präzisierte: »Aber da in Jenin gibt es noch mal ne Extra-Abspaltung von der Al-Aksa. Die normale Al-Aksa war denen nicht hart genug.«

»Also die gestern waren auf jeden Fall hart genug.«

»Ja, die waren hart drauf, die Jungs.«

Der Workshop war warmherzig und kreativ. Tatsächlich schaffte ich es, ein paar deutsche Raps über arabische Beats zu mixen. Zumindest für ein paar Takte. Arabischer Pop neigt dazu, im Tempo zu mäandern. Am Ende machten wir ein Erinnerungsfoto, und ich hielt noch eine kleine, pathetische Rede, die ungefähr so endete:

»... bin ich traurig und wütend. Doch eines Tages, meine Freunde, eines Tages werde ich zurück nach Ramallah kommen, und ich werde keine Checkpoints mehr überqueren müssen. Und ich werde Platten auflegen.« Wahrscheinlich war das totaler Quatsch. Karim tröstete mich:

»So ist das immer bei uns. Wann immer wir beschließen, etwas zu tun, passiert so etwas, und wir müssen alles absagen.«

Im Restaurant meines Hotels trafen wir auf eine Runde Mitarbeiter des Institut Francais, die ebenfalls um ihre abendlichen Pläne gebracht worden waren. Jean-Luc, ein junger Sprachlehrer, hatte sich seit Wochen auf minimale Elektronik gefreut – er war ein großer Fan von Kompakt und Playhouse. Anstatt Platten für ihn und seine Freunde zu spielen, erzählte ich ihm nun lediglich davon. Währenddessen sah ich aus dem Fenster auf die Lichter der Stadt, in der sich anscheinend alle Menschen zurückgezogen hatten. Für mich war das alles absurd, für die anderen war es nur ein weiterer verlorener Abend in Ramallah.

Kaum hatte der Hahn gekräht, früh um sechs Uhr im Morgengrauen, verließ ich Ramallah. Die nächste Station auf meiner Tour hieß Beirut. Majari wollte mich um halb sieben abholen. Um wach zu werden und frische Luft zu tanken, wartete ich vor dem Hotel auf ihn. Entsetzlich rußende Busse krochen vorbei, sodass ich wieder in die Lobby ging. Der Portier schnarchte noch, an Frühstück war nicht zu denken.

Als er um halb acht endlich eintraf, fuhren wir zum Institut, vertäuten die Konsole und fuhren ab gen Osten, in den westjordanischen Morgen. Intellektuell wirkende Brillensoldaten machten uns wenig Stress an den Checkpoints.

Zurück an der Grenze musste ich 30 Euro bezahlen, um wieder aus Israel hinausgelassen zu werden. Ich fragte mich: Warum? Wofür?

Wie in einem rückwärts laufenden Film grüßten wir wieder die vertrauten jordanischen Schnauzbartsoldaten und trafen in der Grenzstation an der Allenby-Bridge auf den hyperaktiven Herrn Nouri. Dieser war damit beauftragt, nun dafür zu sorgen, dass ich und mein Equipment vollständig in den Libanon überführt werden würden. Während der Fahrt zum Flughafen von Amman plapperte er wie ein Wasserfall. Ich war hundemüde und hungrig. Vor uns lag eine komplizierte Aufgabe. Die Konsole war per Luftfracht aus Deutschland gekommen. Jetzt müsste sie weiter nach Beirut geschickt werden. Schwieriges Prozedere, unklare Verantwortlichkeiten. Mit anderen Worten: Eine schwere DJ-Konsole per Luftfracht zu transportieren war teuer, der Auftraggeber eine Definitionsfrage, aber immerhin war ich im Besitz einer Kreditkarte. Herr Nouri fuhr mit mir erst mal zum Frachtgelände. Er kenne da jede Menge einflussreiche Menschen und würde die Sache dort diskret regeln.

Der Luftfrachtbereich des Flughafens Amman ist einer der ödesten Orte, die ich bislang besuchen durfte. Nouri parkte den Van auf einem versteppten Parkplatz vor einem trostlosen Plattenbau und meinte, ich solle kurz warten, während er alles regelte. Mittlerweile war es Mittag geworden. Senkrecht brannte die Sonne auf das Dach, während ich rauchte und in der Einsamkeit des Parkplatzes zwischendurch lauthals arabische Fantasielieder sang. Das machte mich nur noch hungriger. Nach einer schier endlosen Zeit kam er wieder und machte ein kritisches Gesicht.

»Muss ich zu einem anderen Gebäude, sprechen mit andere Herr mit mehr Einfluss.«

»Nehmen Sie mich mit!«, flehte ich. »Ich sterbe vor Langeweile. Und Hunger! Hunger!«

Vor einem wesentlich größeren Frachtgebäude herrschte ziemlicher Trubel. Vielleicht waren hier Leute, die die Konsole verfrachten könnten?

»Ist hier einer der Hauptumschlagplätze für Transporte nach Bagdad«, informierte mich Nouri. Das fehlte noch. Bevor ich in Bagdad auflegen würde, müsste sich dort noch einiges tun in puncto Clubkultur.

Wir betraten das Gebäude und liefen durch ewig lange, völlig identische Gänge, die im kalten Neonlicht aussahen und rochen, als wären sie ganz aus Polyester und Asbest, was wahrscheinlich auch stimmte. In schmierigen, kleinen Büros wurde gutes Business gemacht, überall hingen große Porträts von König Abdullah hinter den Schreibtischen. Ein Mann in Pilotenuniform freute sich sehr, Nouri zu sehen. Er bat uns in sein Büro und goss mir Tee ein. Die zähe Brühe ätzte in meinem leeren Magen. Dann sagte er auf Deutsch zu mir:

»Wie gefällt es Ihnen bei uns in Jordanien, mein Herr?« Dabei grinste er Nouri verschmitzt und stolz an. Im Angesicht der Ödnis und Tristesse um mich herum konnte ich schlecht ehrlich sein. Also sagte ich:

»Ich denke, es ist ein sehr ... interessantes Land.«

Er nickte, sah Nouri aufmerksam an und sagte dann:

»Warum ist es am Rhein so schön?«

Beide begannen wiehernd zu lachen. Ich runzelte die Stirn. Der Büropilot sagte glucksend:

»Ein Bier, bitte, und eine Schweinehaxe.«

»Aber koscher!«, prustete Nouri.

»Ja, haha«, machte ich komplett überfordert. Mir tat der Bauch weh sowie die Augen, die Zunge, der ganze restliche Kopf und seit Jerusalem besonders das Kreuz.

»Was sind wir Menschen doch ein Wohnhaus grimmer Schmerzen ...«, begann Nouris Bekannter.

»... ein Fenster ohne Licht und abgebrannte Kerzen – Gryphius, bruhahaha!«, ergänzte Nouri, während die beiden fast auf dem Boden lagen vor Vergnügen. Dann klärte mich Nouri auf:

»Dieser Mann hat im Goethe-Institut Deutsch gelernt«, verkündete Nouri gravitätisch, und der Meisterschüler warf sich stolz in die Brust, während ihm noch ein Bächlein Lachtränen über das immer noch vor Spaß zuckende, gerötete Gesicht lief.

»Schön, sehr schön. Herzlichen Glückwunsch, Sie machen das ja famos«, lobte ich ihn in der Hoffnung, damit vielleicht irgendwelche Prozesse beschleunigen zu können.

»Famos?« Der Pilot verstand das Wort nicht und fragte bei Nouri auf Arabisch nach. Nach einer langen Rede Nouris begriff er: »Ah, famos ist gut!«

Gutmütig nickte ich und sah Nouri an, damit er nun nach den Höflichkeitsritualen vielleicht unser Problem lösen konnte. Erneut hob Nouri zu einer noch viel üppigeren arabischen Ansprache an. Zwischendurch unterbrach ihn sein Freund immer wieder mit Zwischenfragen. Es machte mich fertig, dass ich nichts tun konnte, als den beiden beim Palaver zuzusehen. Schließlich wandte sich der Pilot wieder auf Deutsch an mich und sagte bedauernd:

»Es tut mir sehr Leid, aber da kann ich Ihnen nicht helfen.« Und dann, während es in seiner Gesichtsmuskulatur schon wieder zu zittern begann: »Das kann doch einen Seemann nicht erschüttern.« Beide explodierten beinahe vor Gelächter.

Wir verabschiedeten uns, und mit dem albernen Herrn Nouri lief ich zurück zum Van, wo nach wie vor der Sarg schmorte. Am Wagen wartete allerdings bereits ein Typ aus dem ersten Gebäude und winkte mit einem Zettel. Mit diesem sollten wir zu einem ganz anderen Areal fahren. Wie wir das andere Areal finden sollten? Scheiße. Fluchend fuhr der Typ uns voran. Die Mittagssonne hatte sich inzwischen **102** graugelb verfärbt, in der diffusen Wüstenei um den Airport konnte man kaum noch einen Unterschied zwischen Himmel und Erde erkennen. Womöglich zog ein Sandsturm auf? Kreuz und quer staubten wir durch die Gegend, bis wir an einem Militärposten ankamen. Ich musste meinen Pass abgeben. Darbend begannen mich üble Visionen zu peinigen. Ohne Pass würde ich aus dem Niemandsland hier nie wieder rauskommen! Mit unserem Scout ging Nouri in eine weitere Bruchbude, während ich draußen wartete wie ein Hund ohne Knochen. 30 Minuten später schlichen sie resigniert heraus. Kein Ergebnis. Wir würden es jetzt direkt in der Abfertigungshalle versuchen, ordnete Nouri an. Nach nur 20-minütigen Verhandlungen rückten die Militärs auch meinen Reisepass wieder raus.

Mir war jetzt alles egal. Im Terminal würde es wenigstens etwas zu essen geben. In der Halle ging es mir kurzzeitig etwas besser. Das lag an den Schokoriegeln und der Aircondition. Nouri führte weiter die bizarren Verhandlungen um meinen Sarg. Der wurde mir jetzt weggenommen und irgendwohin geschoben. Für eine lange Zeit geschah gar nichts. Der Typ war einfach verschwunden. Dann tauchte er kurz wieder auf, winkte: »Ich kümmer mich, ich kümmer mich.« Dann war er wieder verschwunden. Dann war er beten. Dann wieder verschwunden. Im Eingangsbereich des Airports gab es kein Restaurant. Erst wenn man eingecheckt hatte, konnte man richtig essen.

Als ich die Hoffnung schon aufgegeben hatte, tauchte der Genosse wieder auf und winkte mit einem Gepäckschein. Er hatte die Konsole wie einen normalen Koffer einfach eingecheckt. Nouri und der Einchecker waren jetzt überglücklich. Ich dachte, dass man das schon vor sechs Stunden so hätte haben können, sowie an Hühnchen, Hummus und Oliven. Es war jetzt so verdammt knapp vor dem Abflug, dass auch in der Departure-Lounge keine Zeit mehr war, eine Mahlzeit zu mir zu nehmen. Außerdem musste mein Handgepäck noch einer akribischen Prüfung unterzogen werden – der Computer angeschaltet werden, der DAT-

Rekorder ebenfalls ... Das Ganze an zwei aufeinander folgenden Kontrollposten, zwischen denen sich lediglich eine Rolltreppe befand. In mir kochte Wut hoch, wie nur der Hunger sie mit sich bringt.

Bereit, mich zu prügeln, begab ich mich zum Gate und setzte mich. Da, eine Durchsage für meinen Flug nach Beirut! »... *müssen wir Ihnen leider mitteilen, dass der Flug um voraussichtlich drei Stunden verschoben wird.*« Hurra! Ich konnte essen! Sofort bester Dinge ging ich zurück durch die zweite Kontrolleinheit zum Kentucky-Fried-Chicken-Counter und bestellte ein 3er-Menü. Gierig schlug ich meine Zähne in das strohige, frittierte Vieh und schlang es hinunter, als ich durch mein Schmatzen hindurch erneut den Lautsprecher hörte: »... *dürfen wir Ihnen mitteilen, dass Ihr Flug nach Beirut nun doch zum Einsteigen bereits ist. Bitte begeben Sie sich so rasch wie möglich zu Ihrem Gate.*« Frustriert und hektisch stopfte ich mir schnell so viel wie möglich in den Mund und passierte so ein viertes Mal die Durchleuchtungsmaschine. Inzwischen war ich dort gut bekannt und musste nichts mehr vorzeigen, sondern durfte mit prallen Backentaschen ungehindert durchmarschieren.

Eine knappe Flugstunde später landeten wir in der aufregenden Stadt Beirut, in die es mich noch öfters ziehen sollte. Es war ein enormes Kontrastprogramm. Die DJs dort waren bestens informiert und technisch versiert, das Nachtleben war wild und westlich. Davon konnte ich mich durch einen Workshop und einen Club-Auftritt überzeugen. Einige Tage später ging es nach Ägypten, um die große Nahost-Tournee zu beenden.

KAIRO/ALEXANDRIA

Eilig, zumindest für ihre Verhältnisse, strömten die Gepäckträger des Kairoer Flughafens zusammen, um mir beim Abladen des DJ-Sargs vom Gepäckband zuzusehen. Es war schon ein toller Anblick, wenn nach einer ganzen Reihe normaler Koffer und Reisetaschen plötzlich dieses Monster durch die Lamellen brach. Als wenn nach lauter Heringen ein Pottwal erscheint. Mein sympathischer Sitznachbar aus dem Flugzeug, ein englischer Sportreporter, sprang herbei und half mir, die Kiste auf einen Wagen zu wuchten – schön mittig und quer, damit er nicht umkippte. Und auch, damit man beim Parcourslauf durch die Abfertigungszonen möglichst breit daherrollte. Die Gepäckträger rauchten und starrten wie gebannt auf diesen Vorgang.

Der Zollbeamte war ratlos, nahm die Mütze ab und kratzte sich am grauen Kopf. Er bedeutete mir, die Konsole auf einen Tisch zu stellen und den Deckel abzunehmen. Ich erklärte ihm in Gebärdensprache, dass es völlig unmöglich sei, die Kiste alleine hochzuheben. Er rief ein paar jüngere Kollegen herbei, die mir dabei helfen mussten. Ich öffnete das

Sesam – jetzt waren alle erst recht ratlos. Wie war damit nun umzugehen? Ich fuchtelte mit diversen Zetteln und Bescheinigungen sinnlos herum, dann stellte ich die Bedeutung dieses Apparats und das, was ich damit anzustellen pflegte, pantomimisch dar. Ich machte wie bei der alten Fernsehsendung »Was bin ich?« eine typische Handbewegung: Das linke Ohr klemmte ich an die linke Schulter und mit der rechten Hand demonstrierte ich ein Luftscratching. Die linke Hand führte einen imaginären Crossfader hin und her. Einer der jüngeren Beamten bekam plötzlich leuchtende Augen. Er hatte verstanden: »Du – DJ!«

Seinem Vorgesetzten imponierte das kein bisschen. Er hatte die Lösung des Problems gefunden und knatterte immer wieder: »Seriennummer! Seriennummer!« Wenn ich mich nicht irrte, befand sich die Platine mit der Seriennummer des Mixers auf dessen Unterseite. Da alles in der Kiste fest verkabelt und verschraubt war, fürchtete ich nicht nur ein heilloses Durcheinander beim Auseinanderbauen, sondern fand es auch reichlich übertrieben. Treudoof deutete ich mit dem Finger auf die normale Modellbezeichnung auf der Vorderseite: DMix 500. Und tatsächlich: Der Beamte notierte diese Nummer sowie viele weitere geheimnisvolle arabische Zeichen in meinem Reisepass. Dann ließ er mich ziehen.

Vor dem Flughafen nahm mich Lilli, die sommersprossige Tochter des deutschen Botschafters in Empfang. Sie machte bei Goethe ein Praktikum und fand es todschick, dass ich heute Abend in Kairo spielen würde. Lilli schlug vor, direkt ins El-Sawi-Kulturzentrum zum Soundcheck zu fahren, wir stünden zeitlich gerade etwas unter Druck.

Auf zunehmend voller und breiter werdenden Straßen und schließlich über eine große Brücke rollten wir nach El Zamalik, eine Insel im Nil von der Größe einer deutschen Großstadt, im Zentrum von Kairo aber nur ein kleiner Fleck. Als wir uns langsam dem Kulturzentrum näherten, hingen überall an den Highway-Pfeilern und an Kreuzungen große Plakate – Plakate mit meinem Gesicht. Anscheinend war ich big in Kairo.

Das Kulturzentrum befand sich im Inneren eines solchen Highway-Pfeilers und verbreitete den entsprechenden Beton-Charme, wie er zum etwas anderen, aber ebenfalls typischen orientalischen Bauwesen gehört. Im El-Sawi standen normalerweise Off-Theater, Autorenfilm und Avantgardemusik auf dem Programm, der heutigen deutschen Elektronikaufführung sah man so gespannt wie skeptisch entgegen.

Das kulturelle DJ-Konzert war für 20 Uhr angesetzt. Als ich um 19 Uhr erschien, war bereits eine ganze Menge nett anzusehendes, studentisches Publikum anwesend sowie ein Team des ägyptischen Fernsehens. Nach all den Tagen, die ich jetzt schon durch die Gegend reiste, fiel es mir nicht mehr schwer, meine Ansichten über elektronische Musik und den Nahen Osten und was das eine mit dem anderen zu tun haben könnte mit großen Gesten auszuschmücken. Der Reichtum des rhythmischen Erbes der arabischen Welt! Die Vielfalt der Klangfarben, insbesondere im perkussiven Bereich! Die Universalität der Elektronik, vor allem im Hinblick auf die modernen Kommunikationsmöglichkeiten in Zeiten des Internets! Orient, Okzident – ich seh da kein Problem! Dann ging es an die Show.

Und es war tatsächlich eine Show. Ein großes Banner mit meinem Namen hing vor dem DJ-Pult, das auf einer enormen Bühne stand. Zusätzlich wurde jede meiner Aktionen auf eine Großleinwand projiziert. Ich wünschte in diesem Moment, ich wäre einer von diesen Turntablisten gewesen – einer von diesen hochgezüchteten Scratch-DJs, die die Schallplattenspieler wirklich wie Musikinstrumente behandeln. Diese Jungs arbeiten rasant, präzise und ohne Pause, ihre Auftritte sind meistens sehr kurz und komprimiert. Sie legen nicht in Clubs auf, sondern *batteln* sich vorzugsweise in Drei-Minuten-Sets bei Wettkämpfen mit der Konkurrenz.

Turntablism ist faszinierend fürs Auge. Der Schauwert meiner Performance war aber notorisch gering. Gerade dieses sich diskret im Dunkel einer DJ-Box abspielende, dezente Agieren war es ja, was mir am Plattenauflegen immer besonders gut gefallen hatte – allein im grellen Spotlight zu stehen fand ich unbehaglich. So mixte ich die Platten in übertrieben rascher Folge und schraubte und drehte an den Klangregelungsknöpfen wie ein Tresorknacker. Hauptsache, es sah nach hochwichtiger Betriebsamkeit aus.

Weil sich das ganze Publikum auf die Ränge in ein paar Metern Entfernung zur Bühne gesetzt hatte, nahm ich das Wort »Konzert« sehr ernst und spielte zunächst eine halbe Stunde lang interessante Hör-Elektronik und Pop-Ambient. Auch in diesen Musik-Segmenten hat Deutschland eine hohe Produktivität. Gemeinsam haben sie, dass sie nicht zum Tanzen gedacht sind. Der Unterschied liegt in der Angenehmheit. Pop-Ambient ist sehr angenehm bis hin zum Kitsch. Hör-Elektronik kann kratzen, schaben, sägen und rauschen, sie kann regelrecht unangenehm sein. Aber mit solchen Platten kann ich nichts anfangen, deshalb spiele ich sie fast nie.

Das Auditorium lauschte so andächtig wie Besucher der Kölner Philharmonie einer hübsch knisternden Musik. Irgendwann brachte ich eine erste, zarte Bassdrum. Und tatsächlich standen sofort mehrere Leute auf und begannen, sich bedächtig zu bewegen. Ich legte einen Zahn zu, schon wurden es mehr. Bald bretterten harte Technotracks und richtige Hits durch den Saal, die Tanzfläche war voll, und ich konnte meinen Augen kaum trauen: Eine Gruppe von tief verschleierten Mädchen tanzte wild zu »Sexy Girl« von 2raumwohnung. Das Lied hatte rückblickend im ganzen Orient einen starken Eindruck hinterlassen.

Trotz Alkohol- und Rauchverbot im Saal war die Stimmung euphorisch und ausgelassen – bis elf Uhr. Ohne erkennbaren Grund oder Absprache löste sich die Party um diese Uhrzeit so schnell wieder auf, wie sie hochgekocht war. Mir war es recht. Ich war ausgelaugt und kriegte nur noch schwer Luft. Kairo spottete jeder Beschreibung. São Paulo und Mexico City waren vielleicht groß und unübersichtlich, aber im Vergleich zu diesen Megametropolen war Kairo außer Kontrolle. Es war die schmutzigste Stadt, die ich je gesehen hatte, und der Smog ätzte in den Atemwegen. Abgase und der Sand aus der Wüste ergaben eine unheilvolle Mischung. Die Stadt schien zum Großteil aus traurigen Hochhäusern zu bestehen, die alle den gleichen graubraunen Grundton hatten. Der Straßenverkehr war ein einziges Chaos und lief gleichzeitig wie am Schnürchen. Es gab hier Millionen von Autos und drei Ampeln, von denen zwei kaputt waren. Die dritte durfte auf keinen Fall beachtet werden, weil sonst der Verkehr in der ganzen Stadt zusammengebrochen wäre. Kairo glich einem gigantischen Autoscooter. Zusätzlich waren diesem irren Getümmel auf unfassbar breiten Straßen auch noch Heerscharen von Fußgängern beigemischt, die sich an jeder Stelle einfach in den Strom stürzten und hindurchwuselten. Wenn jeder gut auf sich selbst aufpasst, passiert den wenigsten was, hieß hier wohl die Hauptverkehrsregel.

Wichtigstes Werkzeug im Gewühl ist die »ägyptische Gangschaltung« – die Hupe. Es ist nicht so, dass hier besonders oft gehupt wird. Es ist vielmehr so, dass nie nicht gehupt wird. Es ist der immer präsente Klang der Stadt. Der Hupende sendet eine ständige Positionsangabe an die Umwelt, wie Ultraschall bei Fledermäusen. Das Prinzip schien im Großen und Ganzen zu funktionieren, auch wenn die unzähligen kleinen schwarzen Taxen alle aussahen wie zerbeulte Konservendosen. Einmal saß ich in einem dieser Schrottmobile auf dem Beifahrersitz, als der Fahrer anfing, auf mich einzureden. Ich verstand kein Wort und fragte meinen Bekannten Mahmud auf der Rückbank, was der Mann wohl von mir wollte.

109

»Er möchte, dass du dich anschnallst«, meinte Mahmud.

»Anschnallen?« Was für ein absurder Gedanke. Trotzdem nahm ich natürlich den Gurt und zog ihn mir über die Brust, um ihn in eine Halterung zu stecken, die aber gar nicht vorhanden war.

»Hä? Und jetzt?«, fragte ich Mahmud.

»Nein, nein – du kannst dich nicht anschnallen. Du sollst dir den Gurt nur so über die Schulter hängen, damit es so *aussieht*, als wenn du angeschnallt wärst.«

In diesem Moment hatte ich das Gefühl, etwas über den Orient gelernt zu haben.

Im nächsten Moment heulte die Sirene eines Krankenwagens hinter uns auf, und es geschah etwas Aufregendes: Unser Fahrer schwang leicht nach rechts und ließ die Ambulanz vorbei, um gleich wieder scharf zurückzuschwingen und sich direkt hinter sie zu klemmen. In einem Irrsinnstempo schossen wir durch die enge, temporäre Gasse, während sich hinter uns weitere Autos wiederum in unseren Windschatten warfen. Auf diese Weise waren wir in Windeseile an den Pyramiden.

Der Pyramidenbesuch war meine Idee gewesen und bei meinen neuen, lokalen Freunden ungefähr so gut angekommen, als wenn mir in Köln jemand vorgeschlagen hätte, den Dom zu besichtigen. Ein unangenehmer Wunsch, den man aber kaum zurückweisen kann.

Man wird an den Pyramiden sofort gefleddert, meinten sie. Kaum nähert man sich ihnen, wird man auf ein blödes Kamel gesetzt, ob man will oder nicht. Und während man reitet, türmen sich immer mehr Teppiche, Statuen und andere Schund-Souvenirs auf dem wehrlosen Touristen. Die Freunde schlugen stattdessen die Bar eines Palasthotels mit Pyramiden-Blick vor, um sich diesen Stress zu ersparen. Wie in einem eleganten 60er-Jahre-Film loungten wir daher bald Whiskey trinkend und Nüsschen knabbernd in schweren, schwarzen Ledergarnituren. Hinter der Panoramascheibe lag bleich das Weltwunder. Im nächtlichen Flutlicht wirkte es gar nicht so groß. Um Mitternacht ging das Licht aus, und es war ganz verschwunden.

● ● ●

»Sind Sie der Manager dieses Hotels?«, schmeichelte ich dem schneidigen, jungen Mann, nachdem ich zugestiegen war.

»Ich bin nicht der Manager, ich bin vom Sales Team. Nett, Sie kennen zu lernen. Und woher kommen Sie?«

»Ich bin aus Deutschland.«

»Sie sind aus Deutschland.«

»Ich bin Gast von Goethe.«

»Sie sind Gast von Goethe. Wir haben eine gute Beziehung zu Goethe.«

»Das glaube ich auch, denn dies ist ein sehr schönes Hotel. Ich habe einen sehr angenehmen Aufenthalt.«

»Sie haben einen sehr angenehmen Aufenthalt. Sie sind Schriftsteller?«

»Ich bin Musiker.«

»Sie sind Musiker.«

»Ich bin DJ.«

»Sie sind DJ.«

»Ich spiele Platten.«

»Sie spielen Platten.«

Es klingelte, die Fahrstuhltür öffnete sich, und ich verabschiedete mich aus dem interessanten Gespräch in Richtung Frühstücksraum.

Das Frühstück war hier wie fast überall im Nahen Osten Furcht einflößend. In diesem Fall gab es außer den üblichen Salzkäse- und Schocksüßigkeiten-Attacken bereits morgens große Wannen mit dampfenden Bergen undefinierbarer Fleischteile. Ich beließ es bei Cornflakes und Tee. Um elf Uhr holte mich Mahmud zum Workshop ab.

Auf der Bühne des El-Sawi standen immer noch die Plattenspieler, und einige Teilnehmer beugten sich bereits neugierig über sie. Gegen Ende dieser großen Reise war ich recht routiniert, was Workshops betraf. Man musste vor allem die ganze Zeit Ansagen machen und dabei keine Alternativen vorschlagen. Sonst sind die Leute ratlos. Initiative und Unterhaltung erwarten sie vom Übungsleiter.

»Das ist ein Mischpult, und das sind die Fader. Hier regelt man den Klang und dort die Lautstärke. In dieses Loch gehört der Kopfhörer. Ich werde jetzt zwei Beats ineinander blenden und dabei am Equalizer die Bässe reduzieren – so, damit das nicht zu doll wird. Und immer auf die HiHats achten! Jetzt kann man die Bässe wieder reindrehen, so. Jetzt werde ich die A-cappella-Version eines Lieds über einen der Beats mixen. Seht ihr? Es ist ganz einfach, wie Fahrrad fahren. So. Und jetzt seid ihr dran.«

Nachdem ich alles Wesentliche einmal vorgeführt hatte, verordnete ich Praxisarbeit. Jeder Teilnehmer sollte einmal hin und her mixen, ob er das nun konnte oder noch nie im Leben gemacht hatte. Ich wollte schon ein Gefühl dafür vermitteln, dass Auflegen keine ganz leichte Kunst ist, aber es sollte auch nicht unerreichbar erscheinen. Alle waren dankbar für die praktische Erfahrung, gleichzeitig aber auch froh, wenn ihre zehn Minuten beendet waren und sie sich vor den anderen ausreichend blamiert hatten. Nur einer konnte gar nicht genug kriegen, ein DJ aus einer Urlaubsdisko. Er betrachtete sich als bereits perfekt, ihm schien es vor allem darum zu gehen, den anderen seine *Skills* zu zeigen, ob sie wollten oder nicht. Immer, wenn die Klasse eine Zigarettenpause machte, blieb er auf der Bühne und mischte langweilige Tribal-House-Platten des US-iranischen Duos Deep Dish absolut fehlerlos ineinander. Und wenn die Klasse zurückkam, ging er rauchen. Nach drei Stunden erklärte Mahmud den Workshop für beendet, denn am Nilufer wartete bereits eine Felukke auf uns.

112   Enzio, der Institutschef von Kairo, hatte zum Boots-Picknick mit Freunden und Familie geladen. Draußen auf dem

Fluss spürte ich zum ersten Mal seit meiner Ankunft eine Ahnung von frischer Luft und eine Andeutung von räumlicher Großzügigkeit. Auf der anderen Seite des Ufers lenkte uns der Kapitän im Nachthemd und Jesuslatschen entlang prächtiger Millionärsvillen, mit privaten Hubschrauberlandeplätzen und eigenen Bootsanlegestellen. Wir tranken Dosenbier und aßen scharfe Würstchen. Als es dunkel wurde, legten wir an. Die Goethe-Familie verabschiedete sich, nur Mahmud und ich standen noch auf der Straße.

Mahmud trug Brille und Dreadlocks, war spindeldürr und hatte Schlag bei den Frauen. Ein hipper ägyptischer Kosmopolit, der das Plakat designt hatte, auf dem ich überall herumhing. Er schlug vor, mit ihm zusammen im Taxi in den japanischen Vergnügungspark von Kairo zu fahren. Dort arbeitete ein Freund von ihm, ein Schauspieler. Der Mann war gerade aus Alexandria zurückgekommen und hatte ihm von dort etwas mitgebracht. Etwas, was dort qualitativ angeblich am besten wäre. Etwas, das man, wenn ich das richtig verstanden hatte, rauchen konnte.

»Lass uns auf die andere Straßenseite gehen und dort ein Taxi anhalten«, meinte er. Vor uns rollte der Verkehr auf acht Spuren in jede Richtung.

»Was? Wie soll das denn gehen?«, fragte ich ungläubig.

»Kein Problem! Du wirst sehen – das macht Spaß!« Und schon packte er mich am Arm und zog mich mit. Wie in einem Computerspiel ging es jetzt immer ein bisschen taktisch vor und zurück. Stehen bleiben, ausweichen, wieder ein bisschen zurück, zwei Spuren vor. Nach kürzester Zeit hatten wir auf diese Weise die andere Straßenseite erreicht. Es hatte wirklich Spaß gemacht. Und vor allem machte es Spaß, noch am Leben zu sein.

Die Taxifahrt dauerte eine gute Stunde und kostete vielleicht zwei Euro. Es war ein magischer Ritt durch gelblich trübes Licht, das marode, sandige Kairo zog sich endlos dahin, ohne dass irgendwo auch nur der Ansatz einer Stadtgrenze zu sehen gewesen wäre. Der Taxifahrer fragte uns, ob er uns aus dem Koran vorsingen soll. Natürlich sagten wir ja. Sofort legte er mit lauter, melodischer Stimme los und hörte bis zum Ziel nicht mehr auf.

Der japanische Park in Kairo war in den 50er und 60er Jahren angelegt worden und erinnerte ästhetisch stark an die besseren Beispiele von DDR-Architektur. Der Schauspieler beendete seinen Auftritt in einem Kindertheaterstück und kam in seiner Clownsmontur direkt von der Bühne zu uns. Er begrüßte mich kurz, redete eine Weile mit Mahmud in Hieroglyphen und überreichte ihm, was er ihm zu geben hatte.

Schon ging es zurück auf die Insel, zu Mahmud nach Hause. Er wohnte in einem stark abgerockten, ehedem prächtigen französischen Kolonialbau mit einem bedenklichen, uralten Fahrstuhl. In seiner Wohnung warteten Ryan und seine Freundin Hind, zwei der Workshopteilnehmer. Ryan war schweizerisch-libanesischer Herkunft, Hind aus dem Sudan – die einzige weibliche Workshopteilnehmerin im ganzen Nahen Osten. Allerdings war sie gänzlich ohne DJ-Ambitionen und wollte wohl nur ihren Freund nicht aus den Augen lassen. Wir rauchten, redeten und machten uns dann zu Fuß auf den verwinkelten Weg in eine Bar.

An diesem meinem letzten Abend krochen wir tief ins Innere von Kairo, so tief, dass kein Auto mehr fuhr und schon wieder Bäume wuchsen. Hier gab es kleine, schwer zugängliche Dorfgemeinschaften inmitten des Riesenmolochs. Die Bar hatte eine gewisse heimelige, Altberliner Atmosphäre mit Butzenscheiben. Sogar eine Ritterrüstung stand darin und harmonierte wunderbar mit den Ziegen vor der Tür.

Bevor ich am nächsten Morgen nach Alexandria aufbrach, genoss ich beim Barbier gegenüber des Hotels eine perfekte Rasur und gönnte mir zur Feier des Tages eine Gesichtsreinigung. Bei der schlechten Luft hier konnte das nicht schaden. Fünf verschiedene Masken wurden hintereinander aufgetragen und mit heißen Handtüchern wieder abgewischt. Ein elektrischer Abflämmer erledigte die feine Behaarung an den Ohren und den Wangenkochen, dann wurden auch noch die Nase und die Augenbrauen korrigiert. Wie aus dem Ei gepellt, kletterte ich in den Goethe-Van, der mich durch die Wüste nach Alexandria bringen würde, meiner letzten Station.

● ● ●

Auf dem Wüstenhighway zwischen Kairo und Alexandria gab es die ganze Zeit irgendetwas Interessantes zu sehen: Militärflughäfen, Werbeplakate, grüne Oasen, rosa Gefängnisse, imposante Plantagen, Raffinerien, die Gas abfackelten. Dazwischen war Wüste, aber nicht in Gestalt majestätischer Dünen, sondern als stumpfgelbes Ödland. Nach gut zwei Stunden erreichten wir das Mittelmeer.

Alexandria war auf der Stelle angenehm. Eine unvorstellbar alte Stadt, aber mit viel frischer Seeluft und einer ebensolchen Atmosphäre. Wie Beirut französisch geprägt, aber in den letzten Jahren nicht von moderner Kriegstechnik zerstört. Deshalb gab es hier noch viel pittoreske Patina zu sehen: Vor den Bistros im Kolonialstil saßen runzelige Männer in langen Trachtenkleidern und rauchten gemütlich ihre Wasserpfeife, die hier Shisha und nicht mehr Nargileh hieß. Seriöse, feine Geschäftsmänner mit Krawattennadel und Einstecktuch hießen mich auf den Straßen der Stadt willkommen, steckten mir edle Visitenkarten zu und empfahlen sich ebenso freundlich wie dringend als erstklassige Kundenberater in allen Angelegenheiten hinsichtlich Gold, Silber oder Haschisch. Fast alle Frauen trugen Schleier, aber auf eine unerhört elegante Weise. Die weich fließende, berühmte ägyptische Seide kombinierten sie in den kühnsten und kreativsten Farben, aus den Sandalen schauten rot lackierte Fußnägel.

Der Institutsfahrer hieß Hamsi und kam aus dem Sudan. Er war Bassist in einer Reggae-Band und fuhr mit mir vor der Besichtigung der Show-Location die kleine Touristenrunde. Muhammad Alis restaurierte Burg beeindruckte mich weniger, aber vor der neuen Bibliothek verharrte ich in Ehrfurcht.

Schauplatz des Auftritts war der Sporting Club im gleichnamigen Stadtteil Sporting. Dabei handelte es sich nicht um eine Disko, sondern tatsächlich um einen großen Sportverein in einem offenbar sportorientierten Stadtteil. Man hatte beschlossen, mein hiesiges kulturelles DJ-Konzert als Open-Air-Event zu inszenieren, und hatte daher das alte Tennisstadion aktiviert. Der Court war großzügig mit ägyptischen Teppichen ausgelegt, am einen Ende war die Bühne. Es war ein fantastisches Bild. Außer mir stand noch die ägyptische DJ-Größe Amr auf dem Programm, der mit Vierfach-CD-Player, Effektbox und fünf Percussionisten antrat.

Während Amr und seine Gang mit dem Soundcheck beschäftigt waren, wanderte ich auf den hölzernen Rängen umher und sah auf einem benachbarten Trainingscourt zwei Männern ein Weilchen bei einem Match zu. Der eine Spieler ging immer wieder zu seiner Grundlinie, zeigte mit beiden Händen auf sie und brüllte dabei. Offenbar hatte er den Ball ganz klar außerhalb gesehen. Der andere brüllte von seiner Seite aus die vermutlich gegenteilige Behauptung zurück. Schließlich warf der Erste seinen Schläger wütend zu Boden und stapfte davon wie ein zorniger kleiner Junge.

In diesem Moment erhoben sich fast gleichzeitig die Stimmen von vielleicht einem Dutzend Muezzins. Von meiner Warte aus sah ich mindestens zehn Minarette, von weit entfernt oder etwas näher wehten die Stimmen laut und deutlich herüber. Alle sangen in leicht unterschiedlichen Tonhöhen, alle waren gegeneinander etwas zeitverzögert – es war der seltsamste, magischste Chor, dem ich jemals lauschen durfte. Es klang fast wie ein Konzert von Karlheinz

Stockhausen, nur dass hier kein experimentelles kompositorisches Konzept umgesetzt wurde, sondern ansonsten absichtslos zum Gebet gerufen wurde. Die einzelnen Sänger wussten nicht einmal, dass sie im Chor singen, sie sangen nur für ihre eigene Moschee.

Nachdem diese ungewöhnliche Darbietung beendet war, durfte unser Konzert beginnen. Leider war es nur mäßig besucht und der Rahmen viel zu groß gewählt. Man hatte nicht bedacht, dass alle Schüler Ägyptens offenbar am nächsten Tag ihre große Jahresprüfung hatten. Da half, wie so oft auf dieser Reise, nur Seufzen und Schulterzucken. Aber Amr und seine Jungs waren trotzdem eine fröhliche Truppe, die sich durch mangelnde Publikumspräsenz die Stimmung nicht vermiesen ließ. Sie trommelten sich schnell warm, während Amr auf für mich schwer durchschaubare Weise zwischen den Liedern und auch zwischen den Tempi wechselte. Seine Trommler folgten diesen Wechseln wie im Traum. Als ich von Amr übernahm und von Arab-Pop auf Minimal-Techno wechselte, stiegen sie nahtlos auf die neuen Rhythmen ein und legten noch einen Zahn zu. Kölner Elektronik mit orientaler Percussion ist eine Ehe, die in einem ägyptischen Tennisstadion geschlossen wurde. Ein paar Mädchen und Nonnen von der deutschen Schule waren trotz der bevorstehenden Prüfungen gekommen und tanzten auf den Teppichen. Aber der dicke Manager des Vereins befahl uns schon um zehn Uhr, dass wir auf der Stelle aufhören müssten, es hätte da Beschwerden gegeben. Außerdem sei sowieso nichts los. Zum Trost schenkte er mir eine Zigarre.

So ging die Tour mit einem letzten schicksalsergebenen Schulterzucken zu Ende. Der Spezialauftrag war erfüllt, elektronische Musik aus Deutschland in Teilen des Nahen Ostens nun ein Begriff. Ein Siegeszug war es nicht direkt gewesen, auch wenn es überall schon ein paar Spezialisten gab. Meistens hatten die Menschen darauf reagiert, als wenn es eine Art originelle Folklore wäre, die ich spielte. Wie eine Bauchtänzerin in Japan oder Mariachis im Kongo. Oft unternahmen die Leute gutmütige Versuche, der elektronischen Tanzmusik etwas abzugewinnen und damit den Spaß zu haben, der damit angeblich möglich sei. Gleichzeitig merkte ich, wie ungewohnt simpel es für sie klang und wie merkwürdig es für sie war, dass der Rhythmus sich nicht alle zwei Minuten änderte. Vielleicht wird ja in der arabischen Welt bald eine ganz eigene Art von Elektronik entstehen. So wie sich eine omnipräsente, eigene arabische Popmusik entwickelt hat.

Die Maschine der Austrian Airlines stand bereit für die Rollbahn. In wenigen Minuten würde es zurück nach Frankfurt gehen. Leider machte mein Sitznachbar auf der anderen Seite des Ganges schweren Ärger. Der füllige, goldgeschmückte Mann wollte auf keinen Fall einsehen, dass er sich nicht zu sechst mit seiner Familie auf drei Plätze verteilen konnte. Solange sie nicht die vorgeschriebenen Sitze eingenommen hätten, so die stoische Antwort der charmanten Flugbegleiterinnen, würde sich das Flugzeug keinen Millimeter bewegen. Der grobe Macho tobte wie ein Stier: Zunächst schrie er die sanftmütigen österreichischen Stewardessen zusammen, bis diese ihre männlichen Kollegen herbeiholten. Dann schrie er diese zusammen. Das hinzueilende Sicherheitspersonal vom Gate wurde ebenso zusammengeschrien wie zunehmend sich einmischende Passagiere, egal ob von der religiösen oder säkularen Fraktion. Frau und alle vier Kinder wehklagten, weinten und rauften sich die Haare. Meine dänische Sitznachbarin, die in Kairo für das Rote Kreuz gearbeitet hatte, sagte: »Dieses Flugzeug wird in jedem Fall ohne diesen Mann abfliegen. Er hat es bereits vermasselt.« Schließlich erschienen vier blütenweiß

gekleidete Gardeoffiziere – und der eben noch ohrenbe-
täubend krakeelende Choleriker verstummte sofort, ließ
entmutigt den Kopf auf die Brust sinken und trottete wider-
spruchslos von Bord. Die verzweifelte Frau und die ver-
störten Kinder folgten im Gänsemarsch. Wenige Minuten
später hoben wir ab.

Das Hubschrauberkonzert

In der bemerkenswerten Gesellschaft von Naomi Campbell, Nicki Lauda, Franz Beckenbauer, Franz Klammer, Dolly Buster, DJ Ötzi und Prinz Albert von Monaco wurde ich in Salzburg Zeuge einer seltenen Aufführung: dem Konzert für vier Helikopter und vier Streicher des deutschen Komponisten Karlheinz Stockhausen. Im Gegensatz zur A-Listen-Prominenz war ich allerdings zum Arbeiten da – als DJ bei der Afterparty. Es war nicht direkt die Afterparty für Stockhausens Hubschrauberkonzert – meines Wissens sind Afterpartys mit DJs bei Stockhausen-Konzerten unüblich. Und sein Konzert war auch nicht das eigentliche Ereignis, sondern nur die erste Attraktion im Programmverlauf eines gewaltigen Gesamtevents – der Eröffnung der Hangars 7 und 8 auf dem Salzburger Flughafen.

Der Besitzer einer österreichischen Erfrischungsbrause-Fabrik hatte sie in modernem Bio-Morphing-Design wie zwei

121

riesige zerlaufende Eidotter dort hinsetzen lassen. Durch Gewinne aus dem Getränkeverkauf zu beträchtlichen Mitteln gekommen, hatte er sich auf das Sammeln von Flugzeugen verlegt. Interessante Flugzeuge. Das Prunkstück der Kollektion war die ehemalige Präsidentenmaschine von Jugoslawiens Staatschef Tito, eine Douglas DC-6B von 1958. Dazu kamen eine Chance Vought F4U-4 Corsair, eine Pilatus Porter PC 6, eine Lockheed P-38L, einige Alpha Jets, ein Eurocopter, eine Amphibien-Cessna und einiges mehr. In Hangar 8 wurden die Maschinen gewartet und renoviert, in Hangar 7 ausgestellt. Dort gab es auch spektakuläre Bars und das Gourmet-Restaurant »Ikarus«. Das kulinarische Konzept kam von Witzigmann.

Als ich nachmittags vor Hangar 7 landete, herrschte bereits reges Treiben am roten Teppich. Limousinen fuhren vor, Roben und Smokings stiegen aus, Fotografen balgten sich um beste Plätze, und ich zog meine Plattenkisten per Sackkarre durch das Spalier. Im Inneren servierten in graue Fantasie-Kostüme gekleidete Stewardessen mit schrägen Schiffchen Cocktails. Sie sahen aus wie aus französischen 60er-Jahre-Comics von Franquin. Ein edles Volk vertrat sich die Beine – Tickets für den Innenbereich inklusive Abendbrot von Witzigmann und Discomusik von mir lagen bei 500 Euro. Es war allerdings auch für einen guten Zweck. Welchen, weiß ich nicht mehr. Für 50 Euro konnte man sich das kolossale Spektakel vom Flugfeld aus ansehen.

Im Fall des Hubschrauberkonzerts war das natürlich fatal – man hört keine Geige mehr, wenn sie in einem Helikopter in 100 Meter Höhe gespielt wird. Man sieht und hört einfach nur vier Hubschrauber herumfliegen. Für den wahren Kunstgenuss musste man dem dahinter liegenden Konzept gemäß bei Naomi und Ötzi im Inneren der Konzerthalle sitzen. Dort erst erfuhr man das Werk als zusammengeblendetes Ganzes, als Ergebnis ausgeklügelter Mikrofonierung und Mischung.

Stockhausens innovative Komposition ist eigentlich nur ein Ausschnitt aus einer Oper namens »Mittwoch«. Diese ist ihrerseits ein Siebtel der größten und längsten Oper aller Zeiten: »Licht«. Eine Oper für jeden Wochentag. »Licht« soll jetzt angeblich fertig sein, nach fast 30 Jahren.

Stockhausens künstlerischer Ansatz ergab sich dabei direkt aus der Nachkriegssituation. Analog zum Wiederaufbau eines neuen Deutschlands musste auch die Musik ganz neu aufgebaut werden. Konventionen und Traditionen der Wiener Klassik waren verseucht und zerstört, jedes Instrument besaß bereits eine belastende Bedeutung. Es musste radikal neu angefangen werden. Am besten nur mit einem Sinuston. So wenig menschlicher Ausdruck und Eingriff in den Gestaltungsprozess wie möglich. Kein Thema. Reine Musik. So entstanden die Techniken und Prinzipien der seriellen und der punktuellen Komposition. Die Werke hatten vorzugsweise nüchterne, sachliche Titel wie »Gruppen«, »Kontakte«, »Zeitmasse«, manchmal wurde es auch pathetischer: »Für kommende Zeiten«, »Gesang der Jünglinge«, »Hymnen«, »Die 7 Lieder der Tage«.

Manchen gilt Stockhausen als Urvater von Techno, als Pionier der elektronischen Musik, gerade in Köln, wo er in den 50er Jahren im »Studio für elektronische Musik« des WDR begonnen hatte, mit Oszillatoren, Transistoren, Generatoren und anderen -oren zu hantieren. Dort ist man sehr stolz auf die lange Tradition. In technologischer Hinsicht trifft die Vaterschaftsthese allemal zu – es waren eben diese eigensinnigen Typen, die all diese Apparate in den 50er Jahren erstmalig in Betrieb nahmen, um herauszufinden, was man damit anstellen kann. Oft führte das zu sehr aufgeblasenen Werken von enormer Abgehobenheit. Der Techno der frühen 90er hatte, was Ästhetik und Anspruch betrifft, mit der so genannten Neuen Musik, die in Wahrheit eher Musik der 60er Jahre ist, nichts zu tun. Techno kam in erster Linie aus einem Party- und Clubkontext, aus einem pop-

und subkulturellen Umfeld ohne staatliche Subventionen. Eine direkte Traditionslinie kann ich da nicht erkennen, auch wenn Stockhausenschüler wie Holger Czukay und Irmin Schmidt, die später die Gruppe Can gründeten, sicherlich ihren mehr oder weniger subtilen Einfluss auf jeden Musiker hatten, der sich mit repetitiver Rhythmik beschäftigte. Doch die Hauptinspiration für die deutsche Elektronikszene der 90er Jahre bis in das laufende Jahrtausend hinein sind eher obskure DJ- und Produzentenfiguren aus dem amerikanischen und englischen Underground, sagen wir BamBam aus Chicago, Derrick May aus Detroit oder Tricky Disco aus Sheffield. Und die ihrerseits waren eher von Kraftwerk aus Düsseldorf fasziniert als von Karlheinz aus Köln.

Mit seiner unsinnlichen Attitüde erntete Stockhausen eine Menge Ignoranz. Er wurde zum Gegenstand zahlreicher Cartoons zum Thema »Neue Musik« nach dem Motto: »Ist das ein Stück von Stockhausen?« – »Nein, mir ist bloß die Besteckschublade auf den Boden gefallen.« Bis heute wird er gern als Paradebeispiel für Musik angeführt, die kein Mensch verstehen kann. Und mit zunehmendem Alter wurde der Mann immer kosmischer, bis hin zu der Behauptung, vom Sirius zu stammen und in Kürten bei Köln lediglich vorübergehend zu wohnen. Aufsehen erregte er zuletzt im Zusammenhang mit dem 11. September 2001, nachdem er den Zusammenbruch des World Trade Centers als »Luzifers größtes Kunstwerk« bezeichnet hatte. Diese Sentenz wurde zunächst falsch zitiert, nämlich ohne den Luzifer-Teil, was ihm weltweit noch mehr den Ruf eines sinistren Sonderlings einbrachte. Doch diese Wogen haben sich inzwischen geglättet, eine Stockhausenaufführung birgt kein politisches Blamagerisiko, im Gegenteil: Man gewährte ihm nun sozusagen Satisfaktion.

Das Helikopterkonzert sollte ursprünglich schon vor zehn Jahren in Salzburg uraufgeführt werden. Nach einem Einspruch der Grünen musste es abgesagt werden: Es sei doch nicht einzusehen, warum man für eine Darbietung von Herrn Stockhausen eine derartige Lärmbelästigung der Allgemeinheit in Kauf nehmen sollte. Jetzt schien dieser Einwand keine Gültigkeit mehr zu besitzen, außerdem bestand nun ein Anlass und ein Rahmen, bei dem es auf vier Hubschrauber mehr oder weniger sowieso nicht mehr ankam.

Nachdem die Piloten, die Streicher und die Tontechniker auf der Bühne vorgestellt worden waren, zogen sie davon und bestiegen die Fluggeräte. Das gehörte alles schon zum Konzert. Dann hoben sie in alle vier Himmelsrichtungen ab und legten los. Die Hubschrauber machten ihr Schlappschlappschlapp, die Streicher sägten dazu lang gedehnte Psycho-Töne. Im elektronischen Fachchinesisch nennt man so was »Drones«, ein dissonantes, schwarmartiges Brummen von angespannter Unbehaglichkeit. Für den Laien mochte sich das wie das beliebige Gefiedel von Dilettanten anhören, aber weit gefehlt – durch einen Klickton im Kopfhörer, der von der Bodenstation gefunkt wurde, spielten die Musiker auf die Zehntelsekunde zeitsynchron zur Partitur. Von oben wurde die Musik nach unten zu einem weiteren Toningenieur gesendet, dort final mit dem Klang der Rotoren zusammengemischt und ins Auditorium gespielt. Es war durchaus recht faszinierend, vor allem wenn man das Entstehungsprinzip verstanden hatte. Nur wenige im Benefiz-Publikum schienen sich aber damit beschäftigt zu haben. Es ist paradox: Solche aufwändigen Aufführungen können sich heute praktisch nur noch der Finanzadel und die Eventgastronomie leisten. Doch dort ist die richtige Rezeptionsaura nur schwer zu erzeugen.

Hinterher interviewte eine wie immer begeisterte Desirée Nosbusch den Großmeister, der weniger enthusiastisch als vielmehr dezent beleidigt war:

»Es wäre natürlich besser gewesen, wenn die Helikopter sich tatsächlich exakt in die vier Himmelsrichtungen bewegt hätten. Aber das war ja angeblich nicht zu machen«, bruddelte das Genie. »Außerdem hat man drinnen noch viel zu viel Geräusch von außen gehört.«

So konnte man das natürlich auch sehen. Die heldenhaften Piloten der Austrian Air Force standen daneben und schauten betreten drein, als hätten sie etwas falsch gemacht. Doch bald waren diese Kleinlichkeiten vergessen, denn eine neue Attraktion fesselte die allgemeine Aufmerksamkeit. In Hangar 7 öffnete sich das große Tor, und man durfte auf die Rollbahn hinaustreten, um im Freien eine Show namens »Taurus Rubens« zu verfolgen, ein Ballett für Menschen, Autos und Flugzeuge. Eine Mischung aus herkömmlicher Flugschau und Mad-Max-artigem Schocktheater, mit viel Feuer, nackter Haut und Windmaschinen. Ein verliebtes Düsenjäger-Pärchen flog Bauch an Bauch in einem erotischen Tanz. Titos alter Vogel schwebte schwer vor dem Bergpanorama. Ein zunächst rückwärts, dann auf der Stelle fliegender Eurofighter verneigte sich artig vor dem Publikum, bevor er davonschoss. Kranwagen mit Flammenwerfern rasten auf dem Rollfeld kreuz und quer, und ein symphonischer Soundtrack dröhnte sehr. Was man uns damit sagen wollte, blieb mir schleierhaft. Als reines Spektakel kam es aber beim Publikum deutlich besser an als das strenge Hubschrauberkonzert.

Als der letzte Fallschirmspringer gelandet war, wurde nach drinnen zum Essen gerufen. Die bisher im Hangar nur herumstehenden, Kaaba-artigen Kuben entpuppten sich als getarnte Küchen, bei denen die Gäste sich nun bedienen konnten. DJ Yannick knüpfte auf der DJ-Empore bereits einen gepflegten Klangteppich aus NuJazz und Deep House. Beim Dessert wurden noch einmal alle Piloten, Schauspieler und Feuerschlucker einzeln präsentiert und bejubelt. Dann stieg ich mit einem bewährten Disco-Set ein, musikalisch hätte es auch eine Hochzeit oder eine Möbelmesse sein können. Denn vor Disco sind alle Menschen gleich. Von der Empore blickte ich auf das ausgelassene Volk, das sich nach den vielen anspruchsvollen Darbietungen des Tages nun gern ein wenig in traditioneller Disco-Romantik suhlen mochte. Fast schien es, als wäre es heute zum ersten Mal glücklich. Die meiste Zeit des Tages hatten sie mit dem Kopf im Nacken in die Luft geschaut. Das Disco-Finale brachte alle wieder auf den Boden zurück und in Bewegung. Gegen Ende spielte ich sogar ein wenig alte elektronische Tanzmusik wie »Tour De France« von Kraftwerk. Aber Stockhausen, der Pionier, ließ sich auf dem Dancefloor trotz dieser eindeutigen Einladung nicht blicken.

Hitler kaput

Die Akademie hatte mich nach St. Petersburg beordert, um neue Anwärter anzuwerben. Die Akademie war eine Art Ausbildungscamp für fortgeschrittene Fanatiker der DJ-Kultur. Zwei Wochen lang konnten sich die Kandidaten dort unter fachkundiger Anleitung praktischen Übungen widmen, parallel gab es Vorträge und Diskussionen mit international anerkannten Legenden und Vorbildern in dieser faszinierenden Kunstform. Finanziert wurde die Akademie von demselben österreichischen Erfrischungsbrause-Hersteller, der sich auch das Salzburger Stockhausen-Spektakel ausgedacht hatte. Sie wurde einmal im Jahr abgehalten, immer in einem anderen Land. Diesmal hieß der Austragungsort Seattle, und deswegen musste ich nach St. Petersburg. Die Teilnehmerschar sollte möglichst global gemischt sein, angeheuert wurde auf allen Kontinenten.

Die Lufthansa-Maschine war bis auf den letzten Platz besetzt, seltsamerweise vor allem mit Indonesiern. Neben mir saß Kate, eine amerikanische Kostümbildnerin aus Woodstock, neben der wiederum eine Indonesierin saß. Durch Kate erfuhr ich, dass es sich bei all den Asiaten um Angestellte einer Versicherungsfirma auf Betriebsausflug handelte. Ob deutsche Versicherungen auch so ausschweifende Reisen unternahmen? Oder hatten sie sich einfach nur verirrt?

Die Einreisekontrolle nach der Landung empfand ich im Vergleich zum Nahen Osten als überraschend lax, fast schon lasch. Obwohl ich mit meinem sonst immer so suspekten Gepäck eine ganze Weile desorientiert in der Arrival Area herumirrte, fühlte sich niemand bemüßigt, mich in U-Haft zu nehmen.

Vor Ort sollte mich Tatiana abholen, die russische Verbindungsfrau. Sie war mit einer früheren Maschine aus Moskau gekommen. Doch draußen erwartete mich nicht nur ein starker und unerschütterlicher Regen, sondern ein ebensolcher Mann – Leonid, der mir erklärte, dass Tatiana schon in der Stadt und das Wetter hier praktisch immer so sei. Er brachte mich ins Hotel Oktiabrskaya, ein pompöses Gebäude im stadttypischen Stil – weitläufig angelegter Groß-Klassizismus, alles in allem durchaus imposant, wenn auch offensichtlich betagt und mit einer guten Portion des alten, ostblockigen Grundmuffs parfümiert.

Weil ich das frühe Aufstehen nun doch etwas in den Knochen spürte, legte ich mich ein wenig aufs Bett, in Kleidern, um den Körper ein wenig Minutenschlaf ziehen zu lassen. Da vibrierte auch schon das Telefon. Tatiana hatte eine SMS geschickt, sie würde mich in zwanzig Minuten auf dem Zimmer abholen. Nach einer halben Stunde kam eine weitere SMS. Sie konnte in diesem Koloss das Zimmer nicht finden. Ich sollte doch lieber direkt in die Lobby hinunterkommen. So schwierig kann das doch nicht sein, dachte ich, schon gar nicht für eine russische Spezialagentin.

Fünf Minuten später war ich in der Lobby. Tatiana machte den Job erst seit drei Wochen, das erklärte einiges. Pausenlos verschickte sie Kurzmitteilungen, sie sei danach süchtig, erklärte sie mir. Ich sei bärenhungrig, erklärte ich ihr. Wir gingen durch den Regen in ein rustikales Ecklokal im Souterrain. Sie bestellte Blinis mit Kaviar für zwei, ich nahm dazu ein Steak, sie ein gefülltes Schweinekotelett, was ich recht bemerkenswert fand, wenn man bedenkt, dass sie sehr zierlich und blond war. Nebenbei hackte sie mit dem Daumen ununterbrochen auf ihr Telefon. Ein weiterer Genosse, Iwan, holte uns ab und brachte uns in das Lokal Pompowskij – dort würde morgen die Info-Session abgehalten werden. Mit dem Argument, dass ich unbedingt die Technik inspizieren sollte, mussten wir aber heute schon hin.

Im Auto erkundigte ich mich nach den Möglichkeiten für ein großstädtisches, abendliches Unterhaltungsprogramm – mir schwebten ein paar Bars vor, irgendetwas zwischen Kunst, Musik und Mode vielleicht. Beide waren ratlos. Iwan sagte:

»So etwas gibt es hier nicht. Meinst du vielleicht ein Schachcafé?«

»Nein, einfach so etwas wie eine normale, ich weiß nicht, wir nennen es *Szenekneipe*. So etwas muss es hier doch auch geben?«

Beide schüttelten den Kopf auf eine Weise, die zu sagen schien, dass es so etwas nicht nur in dieser Stadt nicht gab, sondern auch in keiner anderen Stadt der Welt geben könnte.

Das Pompowskij war ein nobles Restaurant, wie man sich das in St. Petersburg so vorstellt. Es zeigte sich in einem absonderlichen Stilmix aus klassischem Goldprotz und modernistischem Plexiglas-Schick. Die Schallplattenspieler waren auf einem barocken Tisch platziert, an dessen Ecken kleine Götzenstatuen wachten. Mir genügte eine Minute, um zu sehen, dass ich damit arbeiten konnte. Tatiana diskutierte

131

anschließend stundenlang mit dem Chefkoch die Menü-
folge – der eigentliche Grund unseres Besuchs, wie mir klar
wurde. Dies scheint eine bei osteuropäischen Promoterinnen
beliebte Form der Künstlerbetreuung zu sein: Sie schleppen
ihn mit zu ihren Geschäften, unter dem Vorwand, er müsste
dort etwas sehr Wichtiges prüfen. So ist man immer unter
ihrer Aufsicht, gleichzeitig sind sie zu beschäftigt, um sich
wirklich zu kümmern. Während der Feinabstimmung der
Cateringfrage döste ich weg, im Hintergrund lief ein unge-
heuer einschmeichelndes Mixtape des New Yorker Groß-
meisters DJ Spinna. Tatiana weckte mich nach einiger Zeit
und schlug vor, in eines der hier populären DJ-Cafés zu gehen. Ich war perplex.

»Aber ich hatte euch doch vorhin gefragt, ob es hier so
etwas wie Szenekneipen gibt! Und jetzt gibt es anscheinend
sogar DJ-Cafés!«

»Well, du hattest aber nicht explizit danach gefragt«, ver-
teidigte sie sich spitzfindig.

Bei näherem Kennenlernen der Institution DJ-Café stellte
ich allerdings fest, dass sie tatsächlich nicht viel mit der westeuropäischen Vorstellung einer Szenekneipe zu tun hatte. Es
war eher eine Art Restaurant über zwei Etagen, die Sorte,
bei der in der Speisekarte alle Gerichte abgebildet sind, sodass man nur mit dem Finger darauf zeigen muss. Also eher
eine Art American Diner mit Borschtsch und Blinis, und so
sahen auch die Gäste aus. Es legte aber tatsächlich ein DJ
Mellow House Music auf und wurde dabei auch noch die
ganze Zeit von einem einfühlsamen Jazztrompeter begleitet.
Das war selten. Begleitmusiker bei DJ-Sets machen meistens
viel zu viel und das zu laut und nicht im Takt. Aber der
Trompeter war mir zuerst gar nicht aufgefallen, was immer
ein gutes Zeichen ist.

Den eigentümlich-eklektischen Stilwirrwarr in diesem Frei-
zeitlokal fand ich zunehmend amüsant und fühlte mich sogar davon erfrischt. Tatiana fielen dagegen vor Müdigkeit

fast die Augen zu, das kam vermutlich von all dem Gesimse. Dabei war es noch nicht mal elf Uhr. Mir stand der Sinn noch nicht nach Feierabend. Durch angeregtes Plappern versuchte ich, sie wach zu halten. Aber DJ-Kultur schien kein Thema zu sein, das ihr zentral am Herzen lag, am meisten beschäftigte sie wohl gerade irgendeine Art von Beziehungsproblematik. Schließlich gab ich auf, und wir wanderten den berühmten Nevsky Prospekt wieder zurück zum Oktiabrskaya.

Zurück im Hotel zog sich Tatiana direkt zurück. Ich stand eine Weile unschlüssig in der Lobby herum, fuhr schließlich aber auch nach oben und ging in mein Zimmer. Das Fernsehprogramm gab wenig bis gar nichts her, außer einem witzigen Detail: Falls man das Pay-TV-Angebot wahrnehmen möchte, so besagte der Informationszettel, möge man doch bitte die Rezeption anrufen und dort dann auch gleich mitteilen, ob man auch Feature-Filme zu sehen wünscht oder einfach nur Pornos. Ob sich wohl viele Leute trauten anzurufen?

Auf meinem Stockwerk, dem vierten, gab es eine Cafeteria, die bis vier Uhr morgens geöffnet war. Das hatte ich im Vorbeilaufen gesehen. Dort wollte ich noch etwas trinken. Es war jetzt kurz nach Mitternacht, außer der wuchtigen Kellnerin war niemand da. Ich bestellte ein Bier, setzte mich an einen kleinen Tisch und schlug das Buch auf, das ich gerade las. Der Münsteraner DJ Phil Barbee hatte auf 400 Seiten eine dreimonatige DJ-Reise nach Brasilien beschrieben. Ein ziemlich undergroundiges Werk von schonungsloser Offenheit, Freizügigkeit und gelegentlicher Langatmigkeit. Dem Titel »DJ-Liebesbuch« wurde es mehr als gerecht. Irgendwann merkte ich, dass zunehmend Leben in der öden Bude einzog: Familien mit halbwüchsigen Kindern, einzelne Geschäftsreisende, Gruppen stämmiger Sportstypen schneiten herein auf einen Borschtsch oder eine Soljanka. Außerdem fand in der Stadt wohl gerade eine Art Krankengymnastinnen-Kongress statt. Sehr viele junge Mädchen schienen deshalb in diesem Hotel zu logieren, und die meisten von ihnen boten mir eine Massage an.

●●●

Am nächsten Morgen begann der Tag mit strahlendem Sonnenschein und grässlichem Frühstück. Sofort machte ich mich auf den Weg zu einem Erkundungsspaziergang, denn Sonnentage sind hier selten. Ich ging wieder zum Nevsky Prospekt, auf dem man herrlich flanieren konnte. Im Sonnenlicht fingen die Gebäude an zu leuchten, und das Herz wurde weit. Zahlreiche Soldaten mit riesigen Schirmmützen und langen Mänteln stolzierten umher. Über die Straße war noch der Schmuck für die eben zu Ende gegangenen Gedenkfeiern zum 60. Jahrestag des Endes des großen vaterländischen Kriegs gespannt.

In einer Seitenstraße weckte ein großes Plakat mein Interesse. Es zeigte, in einem 30er/40er-Jahre-Politcartoon-Stil, Adolf Hitler, der gerade vom Schwanz eines roten Drachens erwürgt wurde. Der Körper des Drachens formte sich zwischen Kopf und Schwanz zu einem »O«, darüber stand »Hitler kaput 2«. Später erfuhr ich von DJ Alexandra, die in Russland Breakbeats auflegt, dass das »O« für »Opium Club« stand und »Hitler kaput« der Name einer dortigen Party war.

»Und was läuft da für Musik?«, fragte ich.

»Na ja, so House Music eben«, sagte Alexandra.

»Ach was?«, fragte ich ungläubig. »Und sonst, was passiert dort sonst so?«

»Nichts Besonderes, ein ganz normaler Club. Die Leute tanzen halt in Naziuniformen.«

»Das glaube ich nicht.«

»Da solltest du auch mal auflegen.«

»Tja, das sollte ich wohl.«

Aber was hätte ich anziehen sollen? Als Deutscher kann man eine Nazi-Uniform nur tragen, wenn man Schauspieler ist und es die Rolle erfordert. Für viele Briten und Russen und andere Angehörige von Siegermächten ist es aber ein Riesenjux und ein Klassiker des Verkleidens wie Napoleon oder Cowboy. Dass es im Nazi-Stil auch richtige Motto-Partys gab, war mir allerdings neu.

Der Opium Club lag direkt gegenüber vom Pompowskij, wo am Nachmittag die Info-Session stattfand. Die verschiedenen Stämme der lokalen DJs hatten sich vollzählig versammelt. Sie waren vor allem optisch sehr leicht als DJs zu erkennen. Sie trugen verspiegelte Sonnenbrillen, Muskel-T-Shirts mit Punkmotiven und sorgfältig gestylte Designer-Irokesenhaarschnitte wie bei uns die Fußballer. Mein Vortrag wurde mit Interesse zur Kenntnis genommen. Ich beschrieb die Strukturen der deutschen DJ- und Clubszene, spielte ein paar Platten vor und äußerte meine Geringschätzung für CDs. Es war so ähnlich wie bei manchen Goethe-Institut-Workshops im Nahen Osten. Um, wie von mir aufgefordert, Fragen zu stellen, waren die meisten viel zu cool, aber die Teilnahmecoupons füllten alle aus. Der Einzige, der sich traute zu fragen, sah überhaupt nicht wie ein DJ aus. Guildo-Horn-Frisur, langer, dunkler Mantel, Budapester Schuhe. Ich möchte wetten, dass er von der ganzen versammelten Mannschaft am besten auflegen konnte. Zuerst wollte er wissen, ob man als Teilnehmer der Akademie einen bestimmten Musikstil pflegen sollte.

Ich meinte: »Aber nein, nicht doch. Es machen DJs aus allen möglichen Richtungen mit: HipHop, House, Techno, Drum & Bass, Soul, Breakbeats ... Es kommt nicht auf den Musikgeschmack an. Es kommt eher darauf an, dass man zwei Wochen lang ein konstruktiver Teil einer Gruppe sein kann. Zu engstirnige Egos kommen dort nicht auf ihre Kosten, und sie vermiesen auch den anderen Teilnehmern die Stimmung. Wenn man zum Beispiel der Meinung sein sollte, dass außer Trance alle anderen Musikrichtungen erschossen gehören, wird man dort nicht die Erfüllung finden, die es dort geben kann.«

Eine Gruppe von Sonnenbrillen-DJs wandte sich ab und verließ schnaubend das Lokal. Dann wollte der Neugierige wissen, ob man besonders gut mixen können muss, um akzeptiert zu werden.

Ich sagte: »Aber nicht im Geringsten! Es gibt herausragende DJs, die können überhaupt nicht mixen« – eine Delegation vom Stamm der Irokesen-DJs verabschiedete sich grußlos – »es kommt eher darauf an, dass du offen für Musik als solche bist. Wenn du schon perfekt wärst, bräuchtest du da ja gar nicht mehr hin, höchstens als Lehrer. Außerdem sind dort nicht nur DJs, sondern auch Musiker, und zwar nicht nur von der elektronischen Fraktion, sondern auch richtig legendäre Jazzschlagzeuger, zum Beispiel, aus Brasilien.«

Nun zog sich auch noch die Muskel-T-Shirt-Gang motzend zurück. Der informationshungrige Mann aber sagte:

»Ich habe noch eine letzte Frage: Bist du verheiratet?«

Das kam etwas außer der Reihe. Ich sagte:

»Ja, das bin ich.« Und dann, grinsend: »Tut mir Leid.«

Der Talk-Teil war damit beendet. Für den Rest des Abends ließ ich nur noch Platten sprechen. Ob wohl einer der Anwesenden schließlich zur Akademie nach Seattle eingeladen wurde? Ich wünschte es ihnen von Herzen. Vor ein paar Tagen hatte mein Hanauer Kollege DJ C-Rock die gleiche Veranstaltung in Moskau gemacht. Russland war, was DJ-Kultur betraf, stark im Kommen. Besonders, was die Infrastruktur von Labels und Vinyl-Vertrieben anging, aber auch im Bereich des Produktions-Know-hows gab es noch großen Nachholbedarf. Schon sehr bald aber könnte Russland das neue Finnland sein, jedenfalls was die Produktion fortschrittlicher elektronischer Tanzmusik betrifft. Finnland hatte Anfang der 90er noch niemand auf dem Schirm, DJs spielten Musik aus USA, England, vielleicht noch aus Deutschland,

Belgien und Italien. Dann eroberte sich Frankreich einen Platz auf der House-Music-Landkarte, dann die Spanier und Skandinavier. Eine schöne Variante kommt inzwischen aus Georgien.

Die einzige Fünf-Sterne-Disko Deutschlands

FRANKFURT, MAI 2005

Den Riesenjumbo der mir bis dahin unbekannten St. Petersburger Fluggesellschaft »Polkovo« betrat man in der Mitte des Rumpfes. Trotz seiner mächtigen Größe hatte er nur einen ganz kleinen Passagierraum, der gesamte Rest des Rumpfes war für Frachtgut vorgesehen. Das Mobiliar war bunt zusammengewürfelt aus allen erdenklichen Sitzmodellen und Überzügen aller möglichen längst nicht mehr existierenden Airlines. Mein Vertrauen war grenzenlos, das Essen grenzwertig.

Wenn man aus Russland kommt, kontrollieren sie in Frankfurt die Pässe direkt am Ende der Gangway. So sparen illegal Einreisende lange Laufwege. Sie können ganz bequem wieder im selben Flugzeug zurückfliegen, ohne die Strapaze auf sich nehmen zu müssen, mit viel Gepäck durch das ganze Flughafengebäude zu marschieren.

»Guten Tag!« Der Polizist begrüßte mich auf Deutsch und rief damit das subtile Gefühl hervor, auch das gehörte schon zur Kontrolle. Deshalb sagte ich »Grüß Gott!« und wurde direkt weitergewinkt.

»Deutschland ist ein Fünf-Sterne-Hotel, Russland hat nur einen«, hatte die russische Limonaden-Agentin Tatiana noch geseufzt – ich würde heute in Deutschlands einziger Fünf-Sterne-Disko auflegen, in Sven Väths Maßstäbe setzendem Cocoon-Club in Frankfurt-Fechenheim. Ein clubeigener Phaeton holte mich ab und brachte mich zu dem grauen Monolithen, vor dem man filmreif vorfahren kann.

Weil Sven Väth ein äußerst erfahrener und schon etwas älterer DJ ist, bedachte er bei der Planung, dass es viele in die Jahre gekommene Clubber gibt, die zwar immer noch ganz gerne ausgehen, aber nicht mehr unbedingt so furchtbar spät und gerne auch ein bisschen gediegener. Deshalb konnte man sich auch problemlos schon um neun Uhr abends dorthin begeben und sich in eins der beiden ausgezeichneten Restaurants setzen oder wahlweise auch legen. Im Liegerestaurant »Silk« ging das nur mit Reservierung und festem 20-Gänge-Menü, im »Micro« wurden um elf Uhr die niedrigen Tische und Sofas von der Tanzfläche geschoben. Die atmosphärische Anmutung war Future-Retro-Tiki-Lounge, elegant-exotisch.

Zu den Höhepunkten einer Cocoon-Besichtigung, die freilich nur wenigen vergönnt ist, gehört ein Besuch von Svens DJ-Box – der Maybach unter den DJ-Boxen. Im Bio-Morphing-Design über der Tanzfläche des großen Clubraums schwebend, besteht sie aus mehreren Sektionen. Im Erdgeschoss hinter der Türe links gibt es einen großzügigen Sanitärbereich mit Dusche. Geradeaus führt eine Treppe nach oben, wo zunächst eine weite, mit hellem Leder gepolsterte Sitzecke diejenigen einlädt, die zwar mit der musikalischen Abendgestaltung nichts weiter zu tun haben, aber dennoch ganz gerne in der Nähe des DJs verweilen. Dann kommt der Posten des Lichtmanns, etwas erhöht, mit einer drehbaren Glasscheibe als Kontrollfeld, alles sehr »Minority Report«. Ein paar Treppen tiefer ist schließlich der Kernbereich des DJs. Hier ist noch mal eine kleine Sitzgarnitur für enge Freunde, etwa mitgereiste Finnen, Briten oder Kanadier. Dies ist die eigentliche Kommandobrücke, und sie erinnert auch stark an eine große, schicke Kashoggi-Yacht. In einem Halbkreis in Richtung des Dancefloors stehen sechs Plattenspieler aufgereiht, mit drei verschiedenen Mixern – ein bisher einzigartiger Service. Zur Verfügung steht einmal der am weitesten verbreitete Standardmixer, an den fast jeder DJ gewöhnt ist. Dann ein feiner Mixer von einer kleinen Qualitätsfirma, mit dem man sich ein bisschen auskennen muss. Und ein Modell, wie es amerikanische DJs bevorzugen, mit Drehreglern anstatt Faderzügen. Manche DJs mixen auch gern mit mehr als zwei Plattenspielern, hin und wieder gibt es auch DJ-Duette oder gar Trios. So tourten etwa die in Berlin lebenden US-DJs Tyree Cooper, Afrika Islam und Eric D. Clark mal eine Saison als »Three Black Pimps On Six Turntables« über die Sommerfestivals und sollen dort gar schrecklichen Lärm veranstaltet haben.

Die wabenartigen, millimetergenau vermessenen Wände im Cocoon sind integraler Bestandteil der Lichtästhetik. Durch raffinierte Progammierung entsteht der Eindruck, nicht das Licht würde sich bewegen, sondern die Wände selbst. In den Wänden wiederum sind als besonderer Clou blasenförmige Séparées eingelassen, die man mieten kann. Hier loungt man wie in einer Limo oder einem Terrarium, mit bei Bedarf einseitig blickdichten Fenstern, Monitoren für die anderen Bereiche des Clubs und Champagner die ganze Nacht. Mir persönlich hätte es zwar wahrscheinlich keinen Spaß gemacht, die Nacht in so einer Höhle zu verbringen, es ist aber toll, dass es sie gibt. In diesem Club wurden neue Standards gesetzt, Ideen ausprobiert und sich allgemein nur mit dem

Besten zufrieden gegeben: die beste Anlage, das beste Licht, sogar die besten Zigarettenautomaten.

Im Restaurant hatten zwei Freunde von mir, der Frankfurter Produzent und Optiker Markus Nikolai und DJ C-Rock bereits einen Tisch geentert, auf dem Spezialitäten der österreichisch-pazifischen Fusionsküche serviert wurden. Das DJ-Pult im Dinner-Club ist weniger elaboriert-fantastisch, aber dennoch von großem Komfort und höchster Qualität. C-Rock ist der Resident DJ der Freitagnacht und ein Anhänger der neuen Final-Scratch-Technologie. Er hatte ein derartiges System hier fest installieren lassen. Ich tat mich damit noch ein bisschen schwer.

●●●

Der Witz an Final Scratch ist, dass man anstatt Kisten, Taschen und eventuell auch noch Tüten voller schwerer Platten nur noch ganze zwei Stück davon mitnimmt, eine Platte pro Plattenspieler. In diese beiden Platten sind auch keine Rillen mehr gepresst, sondern ein *Timecode*. Die Musik kommt in Wirklichkeit von der Festplatte des Laptops. Zwischen ihr und dem Plattenspieler ist ein Kästchen geschaltet, in dem man während der Show die Songs zwischenlagert und sie dann von dort aus mit der Schallplatte ansteuert. Da wird das Vinyl zur Maus, mit der man angeblich auch umstandslos und vor allem gefühlsecht scratchen, rewinden, backspinnen und natürlich auch ganz normal pitchen kann. Als wäre die Musik tatsächlich auf der Scheibe.

Was bis jetzt nur wie ein selbstzweckhafter Gag klingt, hat für reisende DJs beachtliche Konsequenzen. Auf dieser Tour etwa hatte ich exakt 125 Platten dabei. Immerhin eine Kiste und eine dicke Tasche. Also mindestens 35 Kilo Repertoire, die ich auf einer Sackkarre hinter mir her auf Rolltreppen und in Aufzüge zog, so welche vorhanden waren. Mit Final Scratch aber, so stellte ich es mir jedenfalls vor, wäre ich pfeifend und meine zwei Platten lässig unter dem Arm über die Promenade in die Disko geschlendert, während auf dem federleichten Laptop im Rucksack ungefähr 3000 Titel schlummerten, die darauf warteten, per Schallplatte vom File zum Leben erweckt zu werden.

Die 100 wichtigsten aktuellen Burner, die 200 zeitlosesten Superburner, 300 minimalistische Klickerklacker-Tracks, 500 unausgegorene eigene Ideen als MP3s zum Ausprobieren. House-Sets, HipHop-Sets, Retro-Sets, Techno-Sets, alles extrem übersichtlich einsortiert und kategorisiert, alles, woran jemals Bedarf sein könnte, hätte man immer dabei. Und wenn sich der Techno-Rave, zu dem man gebucht wurde, als Reggae Dancehall erweist? Keine Sorge. Im Ordner »Jamaica No Problem Man« würden 250 feinste Lieblings-Riddims lagern.

Final Scratch hieß also: ein unglaubliches Verhältnis zwischen Manövriermasse und Musikmenge, relativ zu Zugriffstempo und Bedienerfreundlichkeit. Und dennoch. Das altmodische Horten und Herumtragen von großartigen, schrecklich schweren Schallplatten hat für mich etwas Heiliges. Es gibt dem ganzen Gewerbe nicht nur diesen romantischen, handwerklichen Touch, es sorgt auch für eine gewisse Mitleid erregende Büßerkomponente. Einmal im Zug zum Beispiel wollte mir eine ältere Dame die Kiste beim Aussteigen nachreichen – sie konnte nur den Griff hochklappen. Als ich sagte: »Das sind Schallplatten«, sagte sie: »Oh, Sie Armer.« Mit Final Scratch wäre mir das nicht passiert.

Jedoch nicht nur die etwas protestantische Idee, dass man für das Privileg, DJ sein zu dürfen, irgendwie körperlich hart arbeiten muss, spricht für die Tradition des Kistenschleppens. Die Kiste an sich ist ja auch so etwas wie ein übergroßer und übergewichtiger Zettelkasten, ein sehr intuitives und individuelles Ablage- und Ordnungssystem. Und die kostbare Materie steht nur in relativ knapper Menge zur

Verfügung. Man muss sich vorher immer ganz genau überlegen, was man auf die Reise mitnimmt, und sich vorher gut erkundigen. Oft bekommt man irreführende Ansagen. Wenn zum Beispiel ein jüngerer Veranstalter in Ostdeutschland sagt, du kannst spielen, was du willst, heißt das im Klartext wahrscheinlich: Es wird Techno von maximaler Härte erwartet. Pech, wenn man dann nur Soul und Funk dabeihat. Daher muss man jedem Gastspiel individuelle Aufmerksamkeit widmen. Deshalb nehme ich sogar zu Hochzeiten immer eine Hand voll Techno-Scheiben mit. Man weiß ja nie, wie sich die Stimmung entwickelt.

Aber wenn ich immer meinen gesamten Musikbestand dabeihätte, wäre ich nie gut vorbereitet. Im Disko-Zwielicht der DJ-Box finden rasche, komplexe Entscheidungsprozesse statt. Das eigenhändige Durchstöbern einer verwitterten Kiste auf der Suche nach dem lebenswichtigen nächsten Track, das wilde Wühlen, Zerren und Fummeln in und an Covern in all ihren Farben, Designs und Graden von Abgenutztheit erscheint mir nicht nur als der schönere darstellerische Akt im Vergleich zum Scrollen durch Listen, sondern auch als die effektivere Suchmaschine im sinnlichen, sündigen Rahmen einer Partynight.

C-Rock benutzte Final Scratch allerdings vorzugsweise zum Abspielen von Edits. Edits waren im dritten Jahrtausend wieder groß in Mode gekommen. Eigentlich waren sie eine Erfindung der frühen Disko-Ära und der Vorläufer des Remix. Während man beim Remix die Mehrspuraufnahme eines Songs komplett neu abmischt und dabei manche Instrumente oder sogar alle vollständig löscht oder ersetzt, arbeitet man beim Edit mit der Originalaufnahme. Oft waren es Soul- und Pop-Hits, die nicht für die Disko gedacht waren, sondern für das Radio. Weil sie aber in den Clubs gut ankamen, mussten sie für das Tanzvergnügen verlängert werden.

Die besten Teile, etwa frei stehende Drum-Passagen, wurden je nach Bedarf wiederholt, weniger tanzbare Momente weggeschnitten, hier und da kam noch ein Filter drauf, fertig. War das in den 70er Jahren noch ein komplizierter Vorgang mit Rasiermesser und Kleber, so ist das Produzieren eines Edits heute höchst komfortabel am Computer zu erledigen. Es gibt dafür sogar eigene Programme, die vieles automatisch machen. Einen Edit zu basteln ist ein großes Vergnügen, das man noch weitertreiben kann. Man kann zum Beispiel das A-cappella, also die nackte Gesangsversion eines Songs, mit dem dafür passgerecht vorbereiteten, instrumentalen Edit eines anderen Songs verbinden. Das Ergebnis nennt man Bastard Pop, man presst ihn in Vinyl und verbreitet ihn auf so genannten Bootlegs. Bootlegs und Edits sind sehr sexy und im Allgemeinen illegal. Die unfreiwillig benutzten Künstler werden nicht nach ihrer Zustimmung gefragt und auch nicht am Gewinn beteiligt. Der ist aber ohnehin meistens gering, bei höchstens ein paar tausend Exemplaren. Bootlegs sind ausgesprochene Wegwerfware, eine Idee pro Platte, nach ein paar Wochen sind die meisten durch. Einem DJ-Set geben sie aber oft die exklusive Würze.

Selbst gemachte Bootleg-Edits mit Final Scratch abzuspielen liegt auf der Hand. Dafür ist das System unschlagbar. Man spart sich den umständlichen Pressvorgang und den finanziellen Einsatz, den die Vinylauflage eines neuen Edits bedeutet. Trotzdem kann das neue Stück im Club so in den Mix gefädelt werden, wie man es sich wünscht – per Platte.

Nachdem ich von C-Rock übernommen hatte, begann ich, über mein Verhältnis zu technischen Innovationen nachzudenken. Noch immer wühlte ich mich wie ein Maulwurf durch die Kiste, genau wie in diesem Moment, anstatt mal etwas Neues auszuprobieren. Viele jüngere DJs haben kein religiöses Verhältnis mehr zu Vinyl. Sie haben allerdings oft auch kein religiöses Verhältnis zu Klangqualität und sind schon mit dem Sound von MP3s in der Disko völlig zufrieden. Im gehobenen Ambiente des Cocoon-Restaurants spürte ich aber nur allzu deutlich die Überlegenheit des analogen Mediums. Wie warm und satt sich die Disko-Klassiker auf dem feinen Soundsystem anhörten! Und mir wurde wieder klar, dass sich Schallplatten zu Dateien so verhalten wie salzige Butter aus der Normandie zu Soja-Margarine.

Ein perforierter Blick auf
den Libanon

BEIRUT, 2005

>*»In Beirut bedecken die Frauen ihr Ge-*
>*sicht völlig mit dunklen oder schwarzen*
>*Schleiern, sodass sie wie Mumien aus-*
>*sehen, und dabei entblößen sie in der*
>*Öffentlichkeit ihre Brüste.«*
>MARK TWAIN,
>»Die Arglosen im Ausland«

Sie trug einen cremeweißen Stringbikini
und tanzte fröhlich den Strand entlang.
Ihr langes, schwarzes Haar wippte hin
und her, ebenso andere Teile ihres Kör-
pers, an dem der Blick jetzt sanft hinab-
zugleiten schien. Sie hüpfte zu einer Theke
unter Palmen und ließ sich dort auf einem
Hocker nieder. Ein lächelnder Barkeeper
servierte dem Bikinimädchen einen üppig
dekorierten Cocktail, dessen Strohhalm
sie – nun in Großaufnahme – zwischen
ihre schönen Lippen schob. Dabei zwin-
kerte sie sexy.

Der ältere Herr neben mir schaltete den
Bildschirm in der Rückenlehne seines Vor-
dersitzes an dieser Stelle ab. Dann beugte

er sich hinüber zu seiner Frau und stellte ihren Monitor ebenfalls ab. Die Frau rückte ihr Kopftuch zurecht und machte ein steinernes Gesicht.

Ich sah mir die libanesische Urlaubspropaganda noch zu Ende an. Auf dem Flug nach Beirut zeigten Middle East Airlines ein paar ganz neue Eindrücke vom Lande Libanon in der Levante. Solange ich mich erinnern konnte, war es mir nur als völlig abgedrehte War Zone bekannt, bei der irgendwann kein Mensch mehr, einschließlich der an die siebzig beteiligten Kriegsparteien, durchblickte.

Seit dem schwarzen September 1972, als PLO-Terroristen den olympischen Frieden in München gebrochen hatten, war der Libanonkrieg als Hintergrundrauschen meiner Teenagerjahre stets präsent. Selbst heute kam es mir äußerst surreal vor, dass ich dorthin zum Plattenauflegen gebucht wurde. Jeder, den ich fragte, dachte, dass dort eigentlich immer noch Krieg sei. Dabei war er schon seit zehn Jahren beendet. Und kaum ruhten die Waffen, bauten auch schon die ersten Typen in den noch qualmenden Ruinen ihre Plattenspieler auf – ein bisschen wie im ehemaligen Jugoslawien. Die Anwesenheit von DJs in Krisengebieten ist wie die erneute Anwesenheit von Fischen in Flüssen, die schon für tot erklärt worden waren.

Nach einer Weile schaltete ich das inzwischen langweilig gewordene Programm ebenfalls ab und kam mit dem seriösen Schnauzbartträger neben mir ins Gespräch. Wie sich herausstellte, war er Arzt und mit seiner Frau unterwegs zu einem Kongress. Er deutete auf die anderen Passagiere – es waren alles Ärzte. Mir fiel die Geschichte von dem Mann ein, der einen Herzanfall an Bord eines Flugzeugs voller Kardiologen erlitten hatte.

»Na, dann kann mir ja nichts passieren!«, lachte ich.

»Wie man's nimmt«, meinte er trocken. »Es ist ein Kinderärzte-Kongress.«

148 Nach einem ruhigen Flug landeten wir weich in einem rotblau explodierenden Sonnenuntergang.

Ein Empfangskomitee war nicht in Sicht. Bestürzend schöne Frauen standen in einer langen Reihe und hielten arabische Schilder hoch. Soweit ich sehen konnte, trug davon keines meinen Namen. Vor dem Flughafen fielen die Taxifahrer über mich her. Drinnen blinkte derweil auf einer Anzeige unentwegt mein Name. Aber das erfuhr ich erst später. Stattdessen ließ ich mich auf einen der Fahrer ein und fragte ihn, ob er Englisch sprach. Er nickte heftig, sagte, »Yes, sir, yes«, und fragte mich, wo ich herkomme.

Ich sagte:

»Aus Deutschland.«

»Aus Deutschland! Mercedes-Benz!«

Ich erkundigte mich nach dem Preis für den Weg in die Innenstadt. Dabei vermied ich den Eindruck, allzu ernsthaft interessiert zu sein. Es sollte mehr wie allgemeines Interesse wirken. Er schien sehr froh, dass ich das Thema angeschnitten hatte, denn er sagte:

»Ich mache Ihnen einen guten Preis.«

Ich hatte Glück gehabt und instinktiv einen fairen Vertreter seiner Zunft erwischt.

»Oh, das ist aber nett. Wie viel wird es denn in etwa kosten?«

Er sagte: »Ich habe einen Cousin in Hamburg.«

»Eine schöne Stadt, ich habe da mal gelebt. Und wie teuer ist wohl die Fahrt?«

»Ach, darüber können wir später reden.«

»Nur ungefähr ...«

»Hören Sie! Wenn ich Ihnen zu teuer bin, dann nehmen Sie sich doch einfach einen anderen Fahrer!«, empörte sich der Chauffeur gestenreich.

Letzten Endes gab ich ihm zwanzig Euro plus zwei Zigaretten Bakshish. Meine Freunde vor Ort empfanden das als Wucher und Beschiss, höchstens fünf wären angemessen gewesen. Ich konnte damit leben. Denn bei der rasanten Fahrt ins abendliche Beirut war meine Stimmung erheblich gestiegen. Dies war – zumindest auf den ersten Blick – eine echte, golden leuchtende Großstadt, mit herrlichem Highway-Verkehr, mit riesigen Leuchtreklamen internationaler Ausbeuter, mit stolzen Kirchtürmen und Minaretten lokaler Kopfverdreher. Der zweite Blick war irritierend. Er war, wie soll ich sagen, perforiert.

Man hatte mich diesmal im Phoenicia Intercontinental untergebracht, dem ersten Haus am Platz. Vom Pool aus konnte man noch das ausgebrannte Autowrack von Rafiq Hariri sehen. Der Schauplatz des Attentats war nach wie vor abgesperrt, eine UN-Untersuchung unter der Leitung des deutschen Sonderermittlers Detlev Mehlis noch im Gange. Der beliebte sunnitische, syrienkritische Premierminister war vor einigen Monaten, am Valentinstag 2005, mit einer Tonne Dynamit in die Luft gesprengt worden. Eine Tonne Dynamit! Das ist, wie man sich vorstellen kann, immens viel. Wie konnte diese Riesenmenge überhaupt irgendwo unbemerkt untergebracht werden? Eine Version, die ich hörte, ging so: Unter der Straße waren Kanalisationsarbeiten durchgeführt und eine der Röhren mit dem Sprengstoff präpariert worden. So etwas geht nicht ohne das Ziehen gewisser Strippen. Der Mord war in den Medien und der Öffentlichkeit sofort dem syrischen Geheimdienst zugeschrieben worden. Jahrelang hatte Damaskus die libanesische Politik dominiert. Wenn der libanesische Präsident zur Toilette muss, fragt er vorher in Damaskus um Erlaubnis, hieß es. Jetzt gab es massive Proteste, die den Rücktritt der syrienfreundlichen Regierung sowie den sofortigen Abzug aller syrischen Truppen aus dem Libanon forderten. Letzteres geschah mehr oder weniger umgehend.

Weil eine gewaltfreie Rebellion über viele Lager hinweg einen raschen Wechsel der Lage herbeigeführt hatte, erfand die US-Presse dafür einen schönen Namen: Zedernrevolution, in Anlehnung an die der Rosen in Georgien, die der

Nelken in Portugal und die in Orange aus der Ukraine. Die Zeder ist das einzige einigende Motiv der Libanesen. Ein jeder liebt die Zeder. Dabei sind nur noch ein paar spärliche, verwanzte Haine erhalten. Ein gigantischer Bestand wurde bereits von den Phöniziern abgeholzt, für ihre erstklassigen Handelsschiffe. Spätere Eroberer verfeuerten und verbauten die Bäume für die ihrigen Zwecke.

Hämischere Stimmen hingegen sprachen von der BMW-Revolution, ein Aufstand markenbewusster Konsumenten. Die Leute wurden per SMS mobilisiert und sollen millionenfach aus den Diskos auf die Demos geströmt sein, um am Platz der Märtyrer ihr politisches sowie ihr modisches Bewusstsein zu demonstrieren. Ich habe so eine Art Lifestyle-Demo neulich selbst gesehen, allerdings in der Kölner Ehrenstraße, wo vielleicht tausend bauchfreie Arschgeweih-Mädchen und Typen mit Fußballerfrisuren eine Erhöhung der Studiengebühren durchgestylt anprangerten.

In der bombastischen Lobby des Phoenicia liefen echte Scheichs herum. Tief verschleierte Frauen folgten ihnen wie schwarze Gespenster in zwei Metern Abstand. Gekreuzt wurden ihre Wege allerdings von umwerfenden, glutäugigen Diven mit hohen Pumps und tiefen Dekolletés, großen Klunkern und großen Frisuren. Während mehrere devote Fez-Boys und Pluderhosen-Portiers sich um meine Plattenkiste kümmerten, checkte ich ein. Die hübsche Rezeptionistin war völlig verzückt, dass ein DJ aus Deutschland nach Beirut gekommen war und dazu noch ihrer bescheidenen Hütte die Ehre erwies. Sie hatte eine Tante in Frankfurt.

Mein Zimmer befand sich im 15. Stock und war von gediegenster arabischer Behaglichkeit. Im Bett konnte man vollständig verschwinden. Im Nachttisch lagen Bibel und Koran einträchtig nebeneinander. Vorhänge in warmen Erdtönen bauschten sich in mehreren Lagen. Die Aussicht dahinter ging spektakulär auf die Ruine des hiesigen Holiday

Inn. Kaum stand Mitte der 70er Jahre der Rohbau des Hotels, ging der Krieg los. Christliche Falange-Milizen hatten sich in dem Hochhaus verschanzt, PLO-Einheiten und Amal-Milizen rannten in der legendären »Schlacht ums Holiday Inn« gegen sie an. Das graue Gerippe war von Mörsergranaten und Maschinengewehrfeuer übel zugerichtet. Von hinten leuchteten die letzten Sonnenstrahlen durch die nackten Höhlen. Ich konnte kaum die Augen davon lassen. Da klopfte es.

DJ Ceasar kam direkt vom Flughafen, wo er mich abholen wollte. Aber mein Flugzeug war zu früh gelandet. Auf diese Möglichkeit wäre ich nie gekommen. Er hatte dann den Fahrer des Hotels getroffen, der mich ebenfalls abholen wollte. Taxifahrer hatten diesem von einem Kollegen erzählt, der eine Zwanzig-Euro-Fahrt gezockt hatte, mit einem blassen Typ mit einer komischer Kiste. Ceasar entschuldigte sich für die Unannehmlichkeiten und trat zu mir ans Fenster. Dann erzählte er mir von dem Sniper.

»Er hatte sich in den obersten Stockwerken verschanzt, weißt du? Von da oben hat er wahllos Leute erschossen. Es hat ewig gedauert, bis sie endlich zu ihm vordringen konnten. Als sie ihn hatten, zogen sie ihm die Kleider aus und warfen ihn hinunter. 27 Stockwerke.« Er sah dorthin, wo der Heckenschütze möglicherweise gelandet war, und fügte hinzu:

»Kein schöner Anblick.«

Und es blieb unklar, ob er das Haus meinte oder den Mann.

»Für wen hat er denn gekämpft, ich meine für welche Fraktion?«, fragte ich.

»Für seine eigene. Es war am Ende des Krieges, er hat zu keinem mehr gehört, außer zu sich selbst. Weißt du, im Krieg sind viele Leute irgendwann einfach abgedreht. Es gibt in Beirut Taxifahrer, die hören bis heute in ihrem Wagen nur die Kassetten mit den alten Radiosendungen aus dem

Krieg, wenn gemeldet wurde, was weiß ich, 16-Inch-Mörser-granaten-Einschläge im Hamra-Distrikt. Dann sind sie dahin gefahren. Viele Jungs sind mit 15, 16 zu irgendwelchen Milizen gegangen. Dann standen sie an einem Checkpoint, sie hatten eine Waffe, sie hatten Macht. Dann war der Krieg vorbei, und sie hatten keine Ausbildung, kein Geld, keine Macht. Die meisten arbeiten jetzt für Sicherheitsdienste, viele sind auch im Ausland.«

Ceasar war Mitte 20 und DJ in Beirut. Außerdem betrieb er mit ein paar anderen Aktivisten die Web-Radiostation und Partyorganisation Vibelebanon. Vibelebanon kümmerte sich rührend um mich. Schon im letzten Jahr, als ich eigentlich Gast des Goethe-Instituts gewesen war, wurde ich von der Vibelebanon-Crew rundum betreut, wie es nur DJs in ihrer eigenen Stadt draufhaben. Diesmal hatten sie mich selbst eingeladen, wegen eines großen, gesponsorten Events, bei dem Vibelebanon die Musikregie führte. Gestern Goethe, heute Genussmittel – das DJ-Dasein produzierte interessante Varianten und Brüche, sowohl für mich als auch meine libanesischen Freunde.

In einem französisch-kolonialen Restaurant im Gemmayzeh-Bezirk erläuterte Ceasar bei Bier, Hummus, Tabouléh und Grillspießen das komplizierte lokale Sekten-Konzept. Er selbst zum Beispiel war Maronit. Maroniten sind eine lokale Spielart des Katholizismus aus dem 7. Jahrhundert und geben hier seit Menschengedenken den Ton an. In den herrschenden Clans der Frangiehs und Gemayels wurden politische Ämter traditionell vom Vater auf den Sohn übertragen. Früher war der Libanon ein kleines Land mit 75 Prozent Maroniten. Dazu kamen einige Griechisch-Orthodoxe, Armenisch-Orthodoxe und Griechisch-Katholische. Der Rest bestand aus Sunniten, ein paar Schiiten sowie den seltsamen Drusen. Um 1920 ordneten die Franzosen eine Gebietserweiterung zum heutigen, größeren Libanon an.

Dadurch verschoben sich die demografischen Gewichte. Seitdem liegen Christen, sunnitische Moslems und schiitische Moslems bei jeweils einem knappen Drittel Bevölkerungsanteil, die Drusen sind mit etwa fünf Prozent dabei. Erst seit wenigen Jahren gibt es im libanesischen Pass keinen Vermerk mehr zur Konfession.

Die, trotz allem, stets herrschenden Christen hatten den wohlhabenden Sunniten und Drusen jahrzehntelang einen für alle Seiten akzeptablen Anteil an der Macht gestattet. So ging es der »Schweiz des Orients«, dem Ölbankenstandort, der Drehscheibe zwischen westlicher und arabischer Welt gar nicht übel, um nicht zu sagen: glamourös. Beirut swingte. Hier verkehrten in den 60er Jahren Filmstars wie Sophia Loren und Jean-Paul Belmondo. Die Schiiten hatten an diesen Machtverhältnissen keinen Anteil und an Promis und Glamour keinen Bedarf.

Ihre Interessenvertretung ist inzwischen in erster Linie die Hisbollah, die libanesische Variante der palästinensischen Hamas. Zu Zeiten des Kalten Krieges dominierte hier noch der eher säkulare islamische Amal. Die Schiiten bevölkern vor allem den an Israel grenzenden Südlibanon und hatten seit den 70er Jahren sowohl unter der PLO als auch der israelischen Armee sowie der christlichen südlibanesischen Armee zu leiden.

Eine Sonderstellung beanspruchen die Drusen. Die faszinierenden Drusen in ihren MC-Hammer-Hosen und weißen Skullcaps praktizieren eine alte Variation des Islam, zu der man nicht konvertieren kann, sondern hineingeboren sein muss. Von orthodoxen Moslems werden sie als Häretiker geschmäht. So haben sie zum Beispiel keine festen Gebetszeiten und fasten nicht. Vor langer, langer Zeit, Ende des ersten Jahrtausends, war eine kleine, moslemische Gemeinschaft anscheinend zu der Auffassung gekommen, dass der sechste fatimidische Kalif Al-Hakim aus Ägypten göttlichen Status besäße. Mit dieser kontroversen Sichtweise zogen sie sich in die hohen Chouf-Berge zurück, wo sie bis heute als eigene Volksgruppe und Platzhirsche leben. Den kleinen Bevölkerungsanteil kompensierten sie mit der strategischen Überlegenheit des Bergvolks und mit hoher Feuerkraft. Ihr herrschender Clan ist die Familie Dschumblatt.

Nach einem schmalen, traumhaften Küstenstreifen geht es vom Mittelmeer steil hinauf, bis an die 3000 Meter. Man kann im Libanon morgens Ski fahren und nachmittags schnorcheln – das ist die erste Geschichte, die jeder über dieses Land erzählt.

»Das geht allerdings nur für kurze Zeit im Winter. Und dann regnet es am Strand«, rückte Ceasar das romantische Bild ein wenig zurecht. Wie alle DJs hier in Beirut, wie jeder über zwanzig, war er ein Kriegskind. Sein Vater war ein bedeutender Silberschmied; obwohl Christ, hatte er die Minarette mancher Moschee mit seinen Silberarbeiten verziert. Während des nicht enden wollenden Krieges hatte Ceasars Familie in einem christlichen Viertel am Berg gewohnt, das an ein von der syrischen Armee kontrolliertes Gebiet grenzte.

»Ich kann mich noch gut erinnern an die Zeit, ich war ein Kind. Wir waren alle Kinder. Ich weiß noch, wie meine Eltern mit uns in den Bunker gerannt sind und wie sie immer alles organisiert haben. Mein Vater fuhr mit dem Auto in den syrischen Teil hinüber, um zu tanken. Das durfte man, aber man durfte keine Kanister mitnehmen. Also ist er mit fast leerem Tank rübergefahren – bergab mit ausgeschaltetem Motor – und hat dort voll getankt. Hier wurde der Tank dann leer gepumpt für den Stromgenerator, für die anderen Autos, und nur ein bisschen blieb in seinem, für die nächste Fahrt. Die ganze Zeit wurde improvisiert. Es ist schon komisch: Als der Krieg vorbei war, hatte das ganze Leben plötzlich viel weniger Dynamik und Intensität, als wir gewohnt waren. Wir kannten ja nichts anderes, wir sind damit aufgewachsen. Manchmal vermisse ich deswegen diese Zeit. Verstehst du?«

»Ja, ich meine: nein«, sagte ich.

»Wenn es zu spät für den Bunker war, sind wir ins Badezimmer gegangen, die ganze Familie. Das war der einzige Raum in unserer Wohnung, der kein Fenster hatte. Aber das war natürlich auch nicht sicher. Dann haben wir gehört, wenn die Artillerie schoss, wenn die Geschosse hereingepfiffen vom Meer kamen – dieses lange, grelle Heulen zwischen Abschuss und Einschlag der Granate. Manchmal war es weiter weg, manchmal ganz in der Nähe, dass bei uns der Putz von der Decke kam. Dann haben wir uns alle aneinander festgehalten.«

Inzwischen hatten auf einer kleinen Bühne an der Seite des hohen Jugendstil-Speisesaals zwei Musiker Platz genommen und zu spielen begonnen. Trotz der kleinen Besetzung erzeugten sie einen irren Lärm an Trommel und Oud, sodass bald der ganze Saal euphorisiert zu klatschen begann. Überall waberten Wasserpfeifen-Wolken, auch viele Damen nuckelten hier genussvoll am Schlauch. Eine der vielen Schönheiten im Saal schien Geburtstag zu haben. Bald zog eine bemerkenswerte Polonaise hüftschwingend durchs Lokal. Wir dagegen zogen weiter.

In einem von Maschinengewehrfeuer penibel perforierten Haus gelangte man über eine schmale, steile Kellertreppe in den eleganten Nightclub »Basement«. Ceasar musste hier heute Nacht noch auflegen, ich kam neugierig mit. Die Wände und tragenden Säulen waren roh, doch die Kronleuchter edel.

Im libanesischen Nachtleben, so erklärte mir Ceasar, bevorzugen es die Leute, wenn sie im Club einen eigenen Tisch reserviert haben. Tatsächlich hatte diese Disko keinen Dancefloor, aber auffallend viele, große, niedrige Tische. Dort verwahrten sie ihre Sachen und war ihr Getränkesortiment aufgebaut – der importierte Wodka, Whiskey, Gin und bösartiger, einheimischer Arrak, dazu die entsprechenden Softdrinks sowie ein Eiskübel. Nicht zu vergessen diverse übergroße Aschenbecher. Aber die Tische hatten noch einen anderen Zweck, wie ich gleich feststellen sollte.

Etwas erhöht thronte die DJ-Box, direkt daneben befand sich eine kleine, exklusive VIP-Lounge mit Panoramablick über den ganzen Club. Wir ließen uns dort nieder, weil Ceasar für sein gleich beginnendes Set noch sein Final-Scratch-Programm vorbereiten musste. Auch er war ein Anhänger dieser neuen Technologie für DJs, die vor allem in Ländern mit knapper Vinylversorgung eine große Zukunft haben könnte. Ceasars musikalischer Hunger war grenzenlos, sein Geschmack breit gefächert. Von überproduziertem French House über krachende Breakbeats aus England bis zu kühlem, deutschem Minimal Techno legte er alles auf, was er im Netz finden konnte. Der Kellner brachte Wodka-Cranberry, Mandeln und Kürbiskerne. Ein Pärchen ließ sich uns gegenüber in die tiefen Polster sinken. Kaum saßen sie, sprach mich die Frau auch schon an, mit breitem New Yorker Akzent:

»Hey, entschuldige, mal eine Frage: Arbeitet ihr Jungs hier?«

Sie sah fabelhaft aus. Vielleicht Mitte zwanzig, sehr elegant, nur wenig Goldschmuck: lediglich eine Kette, Ohrringe, jeweils zwei Armreifen und vier Ringe an jeder Hand sowie ein dezentes Nasenpiercing. Schwarze Haare, schmale Hände, insgesamt schmal. Im Gegensatz zu ihrem Ehemann, einem stillen, muskulösen Giganten.

»Er legt gleich auf. Ich bin nur als Gast hier«, antwortete ich höflich und war mir nicht ganz sicher, ob sich das so geziemte. Möglicherweise hätte ich sie nach Landessitte ignorieren müssen? Aber immerhin hatte sie mich ja angesprochen, in Anwesenheit ihres Mannes. Da war es wohl okay. Sie sagte:

»Wir sind aus Saudi-Arabien.«

»Ach was? Echt?«, staunte ich.

»Ja, wir sind gerade angekommen.«

»Und dann geht ihr erst mal in die Disko? Musst du denn nicht ...?« Ich machte eine Kopftuchgeste.

»Ja klar! Ich bin mit Schleier ins Flugzeug eingestiegen und mit Zöpfen wieder aus! Meine Schwester kommt auch gleich, sie studiert in Boston. Außerdem kommen noch ein paar Freunde und Cousinen, die sind gerade aus Montreal zu Besuch. Wie lebt es sich denn so in Beirut?«

»Aber ich bin doch gar nicht von hier.« Die Vorstellung, dass man mich für einen Einheimischen halten konnte, schmeichelte mir. Die Saudi-Frau fragte:

»Nein? Wo kommst du denn her?«

»Ich bin aus Deutschland. Ich bin als DJ gebucht, für ein paar Shows hier in Beirut.«

»No way! Mercedes fucking Benz-o! Dann musst du ja richtig bekannt sein! Warte, bis meine Schwester kommt, die ist noch viel mehr drin in der DJ-Szene als ich. Ich weiß – ich sollte mich darin wirklich besser auskennen. Aber weißt du, meine Welt ist die Mode – und ich liebe Mode aus Deutschland! Karl Lagerfeld, Jil Sander, Wolfgang Joop ...«, schwärmte sie mir vor.

Bald war ihre muntere Sippschaft zu uns gestoßen, und ich saß ich in einer großen Runde junger Disko-Saudis, die mich zu einer Zigarette nach der anderen nötigten, falls sie nicht gerade mein Glas auffüllten. Die Musik dröhnte inzwischen mächtig, und die Leute hatten angefangen zu tanzen – auf ihren Tischen. Ich hatte mich schon gefragt, wo in diesem Laden eigentlich die Tanzfläche ist. Das war die Erklärung.

Der Saal zuckte. Ceasar legte harte Breakbeats auf, wie sie in der Levante geschätzt werden, weil sie so schön reinknallen. Mir war es zu viel Getöse. Breakbeats sind im Gegensatz zu den geraden Beats von House und Techno rhythmisch komplizierter und werden meistens durch das Samplen von »Breaks« aus Funk- und Jazzplatten gewonnen. Das sind vor allem frei stehende Drumpassagen, die anschließend beschleunigt, umgeschnitten und so lange mit anderen Breaks sowie Effekten kombiniert werden, bis der gewünschte Brachialitätsgrad erreicht ist. Breakbeats sind eine englische Erfindung, aber sie haben ihre Anhänger in aller Welt, in Beirut wie St. Petersburg. Mich erinnerte das Breakbeat-Schlagzeuggewitter immer zu sehr an anstrengende Rockmusik. Irgendwann kam Ceasar zu mir herüber und raunte mir zu:

»Der Besitzer hat mir gerade gesagt, dass das alles Mitglieder des saudischen Königshauses sind.«

Die genaue Anzahl der Gattinnen, Kinder und Enkel des saudischen Kings war mir zwar nicht präsent, ich wusste aber, dass es wohl eine ganze Menge waren. Das relativierte zwar die Bedeutung dieser Begegnung, hinderte mich aber nicht daran, am nächsten Tag meiner Tochter am Telefon zu berichten, dass ich eine echte arabische Prinzessin kennen gelernt hatte.

DJ Lethal Skillz war mehr HipHop als irgendjemand, den ich je zuvor in meinem Leben getroffen hatte. Er repräsentierte die erstklassige Beiruter Turntablistenfraktion. Mir war nicht klar gewesen, dass es Derartiges auch hier gibt. Seine Platten bestellte er in den USA, sein ganzer HipHop-Habitus war aus den USA, trotzdem war natürlich auch er stinksauer auf die USA. Libanesen sind sauer auf alle, die unaufgefordert ihre Berge bombardiert haben. Insofern war Lethal hocherfeut, dass ich Deutscher war:

»Respekt! Was für Musik spielst du?«

»Ach, das ist meistens so eine Art Mischung aus Disco, House und Techno.«

»Respekt! Wie lange legst du schon auf?«

»Seit über zwanzig Jahren.«

159

»RESPEKT! Sei mein Gast, Mann der alten Schule.«

Seine Wohnung war in einem Hochhaus und nahm dort ein ganzes Stockwerk ein – das 15., genau wie mein Hotelzimmer. Er schätzte sie auf 300 bis 400 Quadratmeter, so genau wusste er das auch nicht. Große Balkons gingen auf jede Seite hinaus, man schaute auf die Berge und das Meer. Früher verlief ganz in der Nähe die Green Line, die die verfeindeten Parteien trennte. Sie war so genannt worden, weil sich in einem langen Streifen, der die ganze Innenstadt durchzog, über viele Jahre hinweg fast niemand mehr aufhielt und deshalb Gras und Büsche wieder auf der Straße und in den Häusern bzw. Ruinen wuchsen. Damals wäre es unmöglich gewesen, in dieser Ecke zu wohnen. Möglicherweise hätte Lethal sich aber eine Weile halten können. Seine Waffensammlung war beeindruckend und bestand unter anderem aus Schwertern, Nuntschakos und einem Morgenstern.

In der Riesenküche stand ein Kingsize-Kühlschrank voller kleiner, grüner Almaza-Flaschen, dem hiesigen Bier. Ein großer Raum war mit Plattenspielertheke, einem Akai-MPC-Sampler und mehreren Computern ausgestattet. Von dort aus ging es in einen zweiten Bereich, die Chill-out-Area, die von einem fetten Fernseher, Spielkonsolen und einem großen schwarzen Sofa beherrscht wurde. Beinahe hätte ich mich auf Scratch, seine schwarze Katze gesetzt.

Lethal hatte fünf Jahre in Saudi-Arabien als IT-Manager für einen Tabakkonzern gearbeitet, bevor ihn seine Firma nach Beirut zurückholte, aber auf der Basis eines ausländischen Mitarbeiters. Deshalb stellten sie ihm dieses prächtige Bachelor Pad zur Verfügung. In Riad, so erzählte Lethal, hatte er auch hin und wieder aufgelegt, einmal sogar bei einer Party nur für Frauen. Da saß er dann in einem Extra-DJ-Raum, während das Dancefloor-Geschehen per Videokamera live zu ihm übertragen wurde. Die meiste Zeit allerdings hielt ein Tugendwächter den Monitor bedeckt und gewährte ihm nur gelegentlich einen kurzen Kontrollblick auf die schleierfrei shakenden Ladys. Das hätte ich auch gern mal erlebt. Das war nun wirklich ein DJ-Ort, der in seiner Merkwürdigkeit kaum zu toppen war.

Wir rauchten und daddelten; es war angenehm, bei Lethal abzuhängen, er war ein sehr entspannter Typ. Was jedoch seine persönliche Religion betraf, war er fanatischer Fundamentalist. Er huldigte bedingungslos dem Gott der schwarzen Rille. Hin und wieder ging er zu seinen Turntables, machte ein paar virtuose Scratches und sagte dann, mantraartig, mehr zu sich als zu irgendjemand sonst, Hetzparolen wie:

»Vinyl ist groß! Nieder mit der CD! Nie werde ich die Turntables aufgeben. Unter keinen Umständen, no fucking way. Eher sterbe ich. Ich schwör's zu Gott, ich werde sie niemals verraten.«

»Respekt«, raunte ich aus dem Fernsehzimmer zurück.

Links ein sorgfältig durchlöchertes Haus, rechts eine makellose Designerdisko: Der Club »Black Wild Pussycat« lag downtown in der Mono Street, Beiruts Disko-Meile, natürlich im christlichen Teil der Stadt und ebenfalls nahe der ehemaligen Green Line.

In der anarchischen, frühen Phase des Bürgerkrieges in den mittleren 70er Jahren tobte hier der »Karneval des Todes«. Teenager-Milizen von allen Fraktionen patrouillierten im Niemandsland mit Goofy- und Richard-Nixon-Masken. In den frühen 80er Jahren lag die christliche sechste Brigade der libanesischen Armee auf der einen Seite, auf der anderen die muslimische fünfte. Obwohl sie unter einem Oberkommando standen, richteten sie ihre Gewehre aufeinander. Dazu kamen die jeweiligen Milizen beider Seiten, Falangisten und die Hüter der Zedern auf der christlichen, islamischer Amal und später die Hisbollah auf der schiitischen, dazu die Mourabitoun-Milizen auf der sunnitischen, drusische Artillerie aus dem Chouf sowie israelische Raketen von See und Luft. Mehrmals täglich explodierten Autobomben. Gelegentlich verirrten sich auch noch US-Marines und Fremdenlegionäre in dieses Chaos. Wenn man die Bilder von damals sieht, steht einem der Verstand still. Es sah aus wie eine bizarre Mischung aus Grosny und Rio de Janeiro.

In Beirut gab es clubkulturell alles, was es auch im westlichen Mittelmeerraum gibt: Trance, Techno, Alkohol, Drogen. Verrückterweise gilt das auch für eine Stadt nur wenige Stunden südlich – für Tel Aviv. Und doch ist die Vorstellung, ein israelischer DJ könnte jemals in Beirut spielen oder umgekehrt, völlig illusorisch. Selbst das Aufkreuzen eines deutschen Elektronik-DJs im »Black Wild Pussycat« war schon ein Ereignis. Ich musste für zahllose Erinnerungsfotos posieren, Autogramme geben und wurde von Gespräch zu Gespräch durchgereicht.

Dann kam der Moment meines Sets. Ein völlig aufgedrehter MC mit Brille, Glatze und Vollbart pries mich endlos brüllend an. In der DJ-Box war es dadurch auf groteske Weise eng. Ich mixte die A-cappella-Version von Deichkinds »Limit« über den noch laufenden letzten Track von Ceasar, blendete diesen dann langsam aus und überließ die Libanesen erst mal ein wenig dem befremdlichen Genuss von deutschem Rap. Es folgte eine elektronische Achterbahnfahrt durch die Regionen. Die Tanzfläche wurde von einer Flut der Lieblichkeit überschwemmt, »Sexy Girl« von 2raumwohnung wieder zur Hymne einer schier endlosen Nacht. Außer den zwei Worten des Titels wird hier natürlich nichts vom Text verstanden, aber diese zwei Worte genügen völlig, um ein komplettes Bild zu erzeugen, mit dem man sich auch im Nahen Osten gern identifiziert.

162 Tags darauf war ich schlapp und schleppte mich knapp bis zum Pool. Dort schlief ich sofort wieder ein. Als ich aus meinem Liegestuhl-Nickerchen erwachte, war ich umringt von schwarzen Tschador-Girls. Deren Kinder plantschten im Pool und hatten mich damit geweckt. In meiner winzigen roten Rennbadehose versuchte ich, unauffällig mit dem Liegestuhl zu verschmelzen. Beirut war sehr abwechslungsreich. Im einen Moment fühlt man sich wie in einer westeuropäischen Großstadt, im nächsten wie im tiefen Orient, dann wieder wie in den USA oder Brasilien.

Am frühen Abend holte mich Lethal wieder ab, und wir fuhren zum nächsten Gig. Diesmal war es kein kleines, intimes Clubereignis, sondern eine große Promo-Veranstaltung für 2000 geladene Gäste in den MTV-Studios von Beirut. Die Sicherheitsvorkehrungen waren so streng, dass ich sogar meine Plattenkiste öffnen und auspacken musste.

Draußen schmolz der Asphalt, drinnen war es eiskalt. Das Lichtdesign war äußerst üppig und stand in keinem Verhältnis zur armseligen Ausstattung der DJ-Box. Ein weit verbreitetes Phänomen bei derartigen Events – die Optik ist bestechend, aber im Lauf der Ereignisse verzweifeln alle an schlechtem Sound und Feedbackbrummen. Dabei ist es doch so einfach: Sollten die Bilder einmal ausfallen, wird einfach weitergetanzt. Fällt aber die Musik aus, müssen alle nach Hause gehen, denn zu stummen Visuals kann man nicht tanzen. Also ist es eigentlich eindeutig, wie die Prioritäten gesetzt werden müssen. Und doch kommt es meist ganz anders. Unser Arbeitsplatz war auf einem hohen Holzturm eingerichtet worden, auf dem man sich nur auf Zehenspitzen bewegen durfte, weil sonst die Nadel sofort hüpfte. Später am Abend begann die Konstruktion bedenklich hin- und herzuschwanken – die Bassboxen hatten sie in Schwingungen versetzt. Dies galt auch für die Crowd, deren Schwung aber vor allem durch einen ununterbrochenen Fluss großzügig gemischter Longdrinks befeuert wurde. Während sich in Deutschland Freigetränkfeten normalerweise auf Wein und Bier beschränken, wurden hier beeindruckende Batterien von Hochprozentigem niedergemacht. Aus diesem Grund gab es niemanden, dem die Musik nicht ganz wunderbar gefiel. Es war eine herausgeputzte, hedonistische Crowd. Hier tanzten sie, die Zedernrevoluzzer.

Carlos, ein DJ aus Kolumbien, der ebenfalls eigens eingeflogen worden war, bediente sie bestens mit schnellem, kommerziellem Boutiquen-House, wie er an allen Urlaubsorten beliebt ist. Eine blau angemalte Opernsängerin hatte ein markerschütterndes Intermezzo, dann begab ich mich mit vorsichtigen Schritten hinter die Plattenspieler.

»This is for all the DJs that unite. To all the underground people in the house. This is for the DJ world. This is for all the House kids. The lovely Soul children. Put your hands up!«

Die Worte des Sängers Anton aus Detroit, die ich in letzter Zeit oft als Intro für meine Sets benutzte, wirkten in diesem Rahmen leicht daneben. Underground People waren hier kaum zu sehen, dafür eine Menge teure Hemden und Haarschnitte. Ich beschloss, mein Programm an das anzulehnen, was im trendigen Kölner Funky Chicken Club gut ankommt, vielleicht wegen der vielen kostbaren Frisuren. Bald stieg Lethal Skillz in den Mix aus trashiger Disco, hartem House und rockigem Elektroclash ein und scratchte dazu auf einem dritten Plattenspieler. Für das Publikum machte alles keinen Unterschied. Es reagierte indifferent euphorisch. Die Mädchen und Jungs genossen es vor allem, sich auf einem der vielen Tanzpodeste zu produzieren, ganz egal, was für Musik gerade lief. Hauptsache, sie war laut genug, schnell genug und klang eindeutig wie ein Produkt der modernen Welt. Für die Dauer der Party wollte man die Probleme auf der anderen Seite des Metalldetektors einfach vergessen.

●●●

Ceasars Telefon klingelte. Anders als in Deutschland bevorzugte man hier nicht die kleinen Handys, sondern die großen Knochen zum Aufklappen, mit kompletter Schreibmaschinentastatur. Rob, der Chefprogrammierer von der Party, lud uns an meinem letzten Abend in Beirut zu einem privaten Barbecue ein.

»Wir sollten unbedingt hingehen«, meinte Ceasar, »der Mann ist eigentlich gelernter Chefkoch.«

Rob lebte in West-Beirut in einer schiitischen Nachbarschaft. Er meinte, wir würden sein Haus leicht erkennen – ein UN-Jeep stünde davor. Rob war halb Druse, halb Christ und zum Islam konvertiert. Darüber hinaus stammte er aus Seattle und sah aus wie Henry Rollins: enorme Muskelpakete, flächendeckende Tätowierungen, rasierter Schädel und ein präziser Bart. Auf seinem Balkon hatte er einen Grill aufgebaut und wendete routiniert marinierte Hühnerflügel. Später aßen wir mit den Fingern, tranken eiskaltes Bier und Gin Tonic und fanden starke Worte für Christen, Juden, Moslems und alle anderen.

Jihad, einer von Robs Kumpeln, fing an, mir von Ibiza vorzuschwärmen und überhaupt, wie sehr er doch House Music liebte. So was in der Art wollte er hier auch machen. Er hatte schon eine Top-Location im Herzen Beiruts organisiert: den alten Bahnhof. Noch nie hatte jemand dort eine Party machen dürfen.

»Aha, faszinierend. Bist du Partyveranstalter?«, fragte ich den knackigen Typ im engen T-Shirt, Ziegenbart und Glatze, der aussah, als käme er direkt von der Terrasse des Space Clubs. Eigentlich langweilte mich das Thema. Bloß weil ich DJ bin, will mir jeder immer nur von Partyprojekten erzählen.

»Oh nein«, lachte er, »ich bin von der UN, vom Landminen-Räumkommando. Wir haben schon 60.000 Minen ausgebuddelt, aber es liegt noch über eine halbe Million im Boden. Letzte Woche hat es wieder einen Schäfer und zwei

Kinder erwischt. Das Fiese ist, dass dich diese Explosion meistens nicht tötet, sondern dir nur die Beine abreißt.«

Im Amnesia und im Pascha tanzen also zum Beispiel auch Leute, die Jihad heißen und außerhalb ihrer Freizeit ihr Leben riskieren, um Landminen zu entsorgen. Jihad sagte:

»Leider haben wir nicht genug Geld. Da dachte ich, über House Music können wir bestimmt die Leute mobilisieren, uns zu unterstützen.«

»Das ist eine sehr gute Idee«, schluckte ich. Dass Clubkultur per se gut für die Welt ist, davon war ich seit langem überzeugt. Wer tanzt, tötet nicht. Mit den Mitteln der Clubkultur aber konkrete Projekte zu unterstützen, war hingegen nicht sehr weit verbreitet. Jihads Landminen-Initiative erschien mir sehr inspirierend, auch für Länder mit wesentlich kleineren Sorgen.

Den Umständen entsprechend klüger fuhr ich irgendwann zurück zu Lethal, bei dem ich meine letzte Nacht in Beirut verbrachte. Das Gästezimmer hatte weder Licht noch Vorhänge. Beides brauchte ich nicht. Ich wollte weder lesen noch schlafen. Stattdessen versank ich im Anblick der umliegenden Hänge, auf denen jetzt ein einziges Lichtermeer funkelte und glitzerte, als wäre das Gebirge ganz aus Diamanten.

Lasst Luftgitarristen
um mich sein

HAMBURG, 2002

Mögen Sie Monozentrik? Um ehrlich zu
sein: ich ja. Zumindest, seit dieses Wort
mir gegenüber im Zusammenhang mit der
musikalischen Rolle des DJs im Nachtleben kritisch ins Gespräch gebracht wurde. Es bedeutet nichts anderes als: Im Club
bestimmt der DJ die Musik alleine. Mono-
zentrisch. Und das ist anscheinend irgendwie fragwürdig. Das macht nicht genug
her. Das kann irgendwie nicht angehen.

Der Fakt wird immer wieder problema-
tisiert. Es wird nach Auswegen gesucht,
als wenn es ein Dilemma wäre, dass DJs
Diktatoren sind. Es wird bisweilen sogar
über direktdemokratische Entscheidungsprozesse auf dem Dancefloor nachgedacht,
unter Einsatz des World Wide Web etwa,
sodass zum Beispiel ein Sesselfurzer aus
Sydney über die Musik im Kölner Funky
Chicken Club mit entscheiden könnte.

Technisch unkomplizierter und von un-
gleich höherem Schauwert ist jedoch der

Einsatz von Live-Musikern aus Fleisch und Blut. Ein immer wieder gern praktiziertes Prinzip, und nicht per se daneben. Obwohl ...

Meistens sind es Percussionisten, manchmal ein Saxofonspieler. Einmal in Hamburg hatte man mir sogar beides beigeordnet. Wurden aber früher, als diese Idee noch experimentell war, die DJs und die Musiker schon Wochen vorher psychologisch aufeinander eingestellt und unmittelbar vor der gemeinsamen Performance durch gemeinsames Essen, Trinken und Rauchen noch einmal zusätzlich füreinander sensibilisiert, wird auf derlei Rituale heute weitgehend verzichtet. Die Geschichte hat gezeigt, dass es dadurch nicht besser wird. Das heißt nicht, dass auf das Konzept als solches verzichtet wird. Man sagt bloß lieber nicht mehr vorher Bescheid.

So war der plötzliche Anblick einer stundenlang aufgebauten und mikrofonierten Batterie in dieser Hamburger Disko eine echte Überraschung für mich. Die aufwändige Anordnung des Materials verhieß: Es wird maximal ausgeschöpft werden. Hier reihten sich ein Paar Timbales, Congas, Bongos, drei Rumbanüsse, ein Tamburin, diverse Shaker, ein Vibrasnap, Triangeln, Becken und Klanghölzer sowie ein Gong aneinander, und so würden sie auch benutzt werden. Voller Engagement und Enthusiasmus wurde das Arsenal bald bearbeitet, es war ein einziges Solo, man steigerte sich in einen Rausch. Im Grunde war jede Platte mit Percussion jetzt überflüssig. Das betraf unter anderem etwa die gesamten Genres House und Disco, also so etwa meine Bandbreite.

Diesem Dauerfeuer ausgeliefert zu sein machte mich melancholisch, was wirkungsvoll untermalt wurde von nicht enden wollendem, jazzigem Hupen auf der Gießkanne. Weil die beiden hypnotisierten Musiker mit ihren äußerst durchsetzungsfähigen Akustik-Instrumenten direkt vor dem Pult platziert waren, überdröhnten sie den Monitor, den Kopfhörer und jeden fürsorglichen Geist, der den DJ bitten wollte, nicht so faul zu sein, den zwei eine Pause zu gönnen und Bastard Pop zu spielen. Wenn es nach dem Dancefloor geht, so ist ein DJ mit zwei Plattenspielern eigentlich nie zu wenig. Anstelle des Dancefloor-Geschehens sah dieser DJ aber drei Stunden lang nur die wippenden Hintern der Musiker, die den DJ eigentlich nur unterstützen sollten, jetzt aber längst die Regie übernommen hatten.

Was mir übrig blieb, war, Platten mit Platz zu spielen. Sparsame Tracks mit wenig Elementen, die atmen, die Raum entfalten. Reizvoller Raum, der nun mit uninspiriertem Gedudel und wildem Gerappel gefüllt wurde.

Aber es war immer noch besser so als Live-Beteiligung aus dem Internet. Die Erlebniswelt der Clubs und Raves hat bei vielen eine Vorstellung von universaler Verschmelzung erzeugt, aber wir wollen es doch nicht zu weit treiben. Der DJ hat eine lange Geschichte zu erzählen, bitte nicht dazwischenquasseln. Das heißt nicht, dass Verstärkung generell unerwünscht ist. Sie sollte nur nicht über eigene musikalische Macht verfügen. Action Painting ist dagegen sehr willkommen. Oder auch Pantomime. Faszinierend sind Luftgitarren, gespielt von Gogo-Boys.

Dass es aber auch mit echten Gitarristen ganz gut klappen kann, sollte ich ein paar Monate später erfahren. Für eine Reihe von Promo-Rodeos bereiste ich mit zwei Gitarrenhelden Osteuropa. Dabei war meine Rolle weniger DJ als eigentlich Drummer. Aber das ist eine neue Geschichte.

Von Rodeo zu Rodeo

ODESSA

Der Mann in dem Bärenkostüm hatte einen Affen auf der Schulter sitzen und einen Leguan auf dem Arm. Doch schnell schob ihn ein anderer beiseite, er trug das Fell eines Schmunzelmonsters und bot mir einen lebenden Chinchilla an. Dann kam ein uralter, fröhlicher Kosake auf mich zu und hielt einen Papagei auf einer Stange.

Ich war unterwegs in Odessa, der Perle des Schwarzen Meeres, und wanderte auf der heiteren Flaniermeile herum, der Deribasovskaja. Zwar blätterten und bröckelten die pastellfarbenen Prachtfassaden hier und da, doch in der warmen Frühsommersonne, im Schatten der alten Akazien, war diese Stadt einfach heimelig und entzückend. Plötzlich sprach mich auch noch ein blondes Mädchen in Jeans und einem bauchfreien roten T-Shirt auf Russisch an.

171

Es ging um eine große House-Party unten beim Morsky Voksal, dem großen Meeresbahnhof, wo auch das neue Hotel Kempinski stand. Das Mädchen promotete eine Party, die eine amerikanische Firma im Rahmen ihrer internationalen Promotionaktivitäten dort veranstaltete. Ich versuchte, ihr auf Englisch zu antworten, doch sie schien mich für einen hilflosen Touristen zu halten, den ein hiesiges »House Music Rodeo« wohl kaum interessierte.

Sie ahnte nicht, dass ich selbst als Cowboy in der Stadt war. Auf dieser Party war ich als internationaler Gast-DJ gebucht. Mit mir unterwegs waren die Montana Chromeboys, ein tolldreistes Duo aus Gießen, das auf dem Hamburger HipHop-Label YoMama Records veröffentlichte. Gemeinsam sollten wir einige Live-Einlagen bringen – die beiden als Gitarristen, ich quasi als Drummer, nur lieferte ich die Beats von Platte. Die Show hatte eine vage countryhafte, urige Anmutung und rockte furios. Wir kannten uns da schon aus, denn wir hatten das Konzept vorher in Deutschland einige Male getestet. Dabei waren immer berühmte amerikanische DJs mit von der Partie gewesen – warum das Rodeo in der Ukraine nur mit deutschen Gästen über die Bühne ging, konnte ich mir nicht erklären. Vor allem, als ich die vielen Amerikaner in der Stadt bemerkte, allerdings ausschließlich Senioren mit Baseballkappe und kariertem Hemd.

Man fühlte sich, besonders in ihrer Gegenwart, um gute vierzig Jahre zurückversetzt. Überall fuhren alte Wolga-Pkws und noch ältere Laster wie aus dem Film »Lohn der Angst« herum, dazwischen leidlich modernere mit Aufschriften wie »Darmstädter Brühwurst – immer schnell, immer lecker!«, »Der gute Beton aus Leimen« und Ähnliches. Das Licht glich dem auf einer verblichenen 60er-Jahre-Postkarte aus Italien.

Doch in den eleganten Glasaufzügen des Kempinski glitten wir bald unentwegt mit großen, blonden Schönheiten auf und ab, sie trugen enge Jeans mit kunstvollen Bleichungsverläufen, in die oft auch noch Perlen oder Gesäßpartien von Röcken eingearbeitet waren oder die mit raffinierten Lederriemchen seitlich zugebunden wurden. In ihrer Begleitung waren starke, kleinere Männer in geringelten Polohemden, die über den Muskeln spannten.

Die Stadt schien zu einem hohen Anteil von Prachtexemplaren dieser, aber auch subtilerer Art bevölkert zu sein. Auf der abendlichen Party verdichtete sich dieser Eindruck eines allgemeinen Gutaussehens ins Schwindelerregende. Viele Jungs ähnelten mit ihren Kurzhaarschnitten und den hohen Wangenknochen den Sowjetturnern bei früheren Olympiaden. Die Mädchen tendierten zum Damenhaften: hohe Hacken, lange Röcke, nicht zu exhibitionistisch. Ein betörendes Bild stolzer oder süßer Schönheit, das sich allerdings ein bisschen relativierte, wenn man ihnen beim Tanzen zusah.

An die 3000 dieser hübschen jungen Ukrainer hatten sich in eine große, yankeemäßig dekorierte Halle begeben und schlenkerten dort ungelenk mit den Armen hin und her. Die lokalen Warm-up-DJs spielten hart pumpende, aber völlig gesichtslose House Music, wie sie in mediterranen Urlaubsorten üblich ist.

Obwohl die Leute hier allerliebst anzusehen waren, konnte kaum einer schmoov schmooven, stellte ich fest. Entweder sie wiegten sich nur so verhalten hin und her oder pogoten direkt wild auf und ab, vorzugsweise Letzteres. Überbordende Begeisterung und Außer-sich-Geraten wurde hier höher geschätzt als kontemplative Entrücktheit.

Mir war nicht klar gewesen, was mich erwarten würde. Etwas nervös übernahm ich von Andrej, einem Lokalmatador mit einer Art Afro. Die Plattenspieler thronten im grellen Spotlight auf einer engen Holzbühne, die vibrierte wie bei einem Erdbeben. Die Lautstärke war monströs, aber gleichzeitig von brillanter Klarheit, ganz ohne Verzerrungen. Ich begann mit einem bewährten Remix eines bekannten

Whirlpool-Tracks, brachte dann einige Tobi-Neumann-Remixe von Peaches und Miss Kittin, die guten Justus-Köhncke-Bootlegs und Metro-Area-Hits und damit die Leute relativ schnell auf die von mir aus gesehen sichere Seite. Die Tanzfläche war in Bewegung, ich fühlte die von dort kommende Zufriedenheit.

Dann kamen die Montana Chromeboys auf die Bühne, stöpselten die Gitarren absichtlich hörbar ein und rockten los. Ich schnitt zwischen ausgesucht slammenden Bonus-Beats von Frankie Feliciano und Kenny Dope Gonzalez hin und her, dazu schrummten die beiden eine Art entfesselten Southern Rock. Diese Sprache verstand das Publikum. Die Leute waren frenetisch, außer Rand und Band wie bei Rock am Ring. Beim zweiten Live-Set erinnerten wir mich im Stroboskopgewitter sogar etwas an die Speedmetalgötter Slayer oder Anthrax. Noch während ich mein Set weiterbretterte, wurden uns aus dem Bühnengraben Stifte und CDs zum Unterschreiben hochgereicht. Ein schweißtriefender junger Tänzer direkt vor mir schrie jubelnd immer wieder nur: »Germany! Germany!« Für ein US-Rodeo war das ein ziemlich befremdliches Bild. Nun war es aber gut, gern gab ich an den nächsten lokalen DJ ab, leider konnte ich seinen Namen bei der Lautstärke nur sehr schlecht verstehen.

Wir waren jetzt alle ein bisschen durchgepustet von dem soeben erlebten Beifallssturm und auch von dem tosenden Bühnensound. Nach einigen Drinks und dem Entgegennehmen weiterer Gratulationen verließen wir das Gebäude und gingen hinaus in den Hafenwind, zurück zum Hotel. Wir glitten im Glasaufzug zurück in den 16. Stock, die Sonne ging langsam auf. Während der Fahrt blickte man direkt auf die legendäre »Treppe von Odessa«, genau gegenüber. Hier spielte eine der berühmtesten Szenen aus Sergej Eisensteins Meisterwerk »Panzerkreuzer Potemkin«. Auf dieser Treppe fand 1905, im Verlauf einer Meuterei der Matrosen gegen den Zar, ein Massaker statt. Den dabei herunterrollenden Kinderwagen hat später Brian De Palma in seinem Film »The Untouchables« zitiert. Junge Männer tragen ihre Freundinnen als Liebesbeweis traditionell die Treppe hinauf, wie ich es mit eigenen Augen gesehen habe. Beim Erklimmen der 192 Stufen konnte man ihre ganze große Geschichtlichkeit noch schwer atmen, gerade als Raucher. Beim Hinaufgleiten im Aufzug dagegen entfernte sich die Treppe schnell und lautlos, als wenn sie in der Vergangenheit versinken würde.

KIEW

Weil wir in Odessa so ungemein überzeugt
hatten, wurden wir nur wenige Monate
später gebeten, die gleiche Nummer noch
mal genauso schön in der Hauptstadt ab-
zuziehen, in Kiew. Atmosphärisch hieß
das allerdings: Ende November. Schon bei
der Ankunft war es maßlos ungemütlich,
der inzwischen bekannte Argwohn des
Sicherheitspersonals eine Pein. Die Montana Chromeboys wären beinahe nicht
angekommen. Aus unerfindlichen Gründen waren sie in Moldawien zwischenge-
landet und wurden dann für geraume Zeit
weder aus dem Flughafen heraus- noch in
ein Flugzeug hineingelassen.

Wir wohnten ein wenig karg, aber dennoch repräsentativ im Hotel Kiew – in
jeder ehemaligen Sowjetmetropole gibt
es ein monumentales Sowjethotel, einen
gigantischen Koloss meist aus den 60er
Jahren, in kackigen Brauntönen gehalten,
mit mächtigen Kristallleuchtern und läh-
mender Totenstarre schon in der Lobby.
Mein astreines KGB-Verhör-Zimmer war
ganz weit oben, mit Blick in die Schüssel
des Dynamo-Stadions, in dem an diesem
Abend auch tatsächlich unter Flutlicht ein
Spiel stattfand. Ich schaute eine Weile zu,

dann legte ich mich etwas aufs Bett, rauchte, starrte an die Decke. Nach einiger Zeit stand ich wieder auf. Fühlte mich wie ein Gefangener. Was zum Kuckuck war hier bloß zu tun?

Ausgehen war hier zu tun. Mit den lokalen Agenturleuten das ukrainische Nightlife erkunden war die Ansage. Unter diesem Vorwand jedenfalls holte man mich irgendwann am Abend raus bzw. ab. In irgendeinem Folkloreschuppen wurde ich mit ominösem Essen gefüttert – das Rumpsteak war gehackt, von einem Speckmantel zusammengehalten und mit einem Klacks Sahne mit Speckgeschmack dekoriert. Das Einzige, was wirklich schmeckte, war das gegrillte Gemüse. Vom Lokal aus fuhren wir zur Rodeo-Location, in der am nächsten Tag die Deutschen rocken sollten – angeblich wollte man mich mit dem Anblick der Arena beeindrucken. In Wirklichkeit mussten aber vor allem den Handwerkern und Stagehands strenge Kommandos gegeben, sehr viel mit dem Handy telefoniert und »Da! Da!« gesagt werden.

Ich war nur mäßig beeindruckt. Kalte, zugige Messehallen kannte ich schon. Diese war zugegebenermaßen ziemlich groß und vielleicht noch ein bisschen heruntergekommener als die hundert anderen, die ich davor schon gesehen hatte. Bald fing ich an, vor Langeweile wegzunicken, was ja bei niedrigen Temperaturen gefährlich werden kann. Endlich rüttelte mich Ludmilla, oder wie die Promoterin auch hieß, an der Schulter und schlug vor, mich ins Hotel zurückzufahren. Aber so hatten wir nicht gewettet! Ich bestand darauf, auf der Stelle ins zuvor versprochene Nachtleben aufzubrechen. Gleich hob eine große Diskussion an. Schließlich entschieden die lokalen Kräfte, runter zum Dnjepr zu fahren, dem Rhein von Kiew. Alle modernen Clubs der Stadt sind nämlich auf Booten untergebracht – die Bausubstanz der normalen Gebäude ist für fette Bässe zu marode. Nicht dass die ukrainischen Bässe wirklich so fett waren –

die bevorzugte Soundästhetik hierzulande ist schrill und mittig.

Wir parkten und liefen hinüber zu einem Steg, der in bzw. auf den Club Moda führte, den Modeclub, den angeblich angesagten Hot Spot der Saison. Am Fuß des Steges wachte eine finstere Crew von Bouncern. Als wir uns näherten, schoben sie sich uns in den Weg wie die Betonblockaden von Bethlehem und riegelten die Gangway stoisch ab.

»Es liegt bestimmt an mir«, dachte ich betreten in meinen Bergstiefeln, Kordhosen, Gammlerparka und Zipfelmütze. Alle anderen sahen sehr hip aus: steile, ukrainische Agenturmädchen eben, die jetzt mit viel Verve mit den Hünen diskutierten, ohne jeden Erfolg. Dann hörte ich, wie jemand das Wort »Deutschland« sagte, dann »DJ«, dann wurde mein Name erwähnt. Da bildeten die Gorillas eine Gasse, lächelten lieb, sagten zuvorkommend »Dawai! Dawai!«, und wir waren drinnen.

Dort ging es unglaublich zu. Der lange, hohe Raum war von oben bis unten mit riesigen Schwarzweißfotos bekannter Models dekoriert. Oberhalb der Tanzfläche verlief rundherum ein Go-go-Balkon, an dessen Geländer Minirockmädchen wie in einem schwülen Discofilm tanzten. Auf einer Art Brücke, die sich über den Dancefloor spannte, hatte sich eine Band aufgebaut, die aussah wie die Gurkentruppen früher bei »Musikladen Eurotops« – La Bionda vielleicht oder Supermax. Aber noch spielte der DJ Mallorca-Ballermann-Disco. Bald begann die Band, abwechselnd derbe, russische Schmachtfetzen zu jaulen oder rasenden Kasatschok-Pop zu peitschen.

Wladimir, einer der Agenturgenossen, stellte mir seinen Freund Sergej vor. Ein gutmütiger, kleiner Kraftprotz mit Meckifrisur und dickem Nacken. Er sei eine Art Geschäftsmann in Sachen Autos, erzählte er und bot mir umgehend jedwede Hilfe an:

»Ich gebe dir meine Nummer. Wenn du irgendein Problem hier in Kiew hast, rufst du mich an.«

»Ah, cool, danke, Sergej! Ich werde das garantiert tun, aber ich kann mir ehrlich gesagt nicht vorstellen, dass ich hier ein Problem haben werde«, meinte ich. Sergej stellte sicher, dass ich seine Nummer auf jeden Fall korrekt in mein Handy eintippte. Ich musste sogar kurz bei ihm durchklingeln, damit er wirklich beruhigt war.

»Wenn du ein Problem hast, rufst du mich an.«

»Danke, Mann. Das ist wirklich total freundlich von dir.«

»Wenn du ein Problem hast, rufst du mich an. Wenn du mich nicht anrufst, schlag ich dir das Gesicht ein.«

»Wenn ich ein Problem habe, rufe ich dich auf jeden Fall an.«

Ganz glücklich über diese endlich richtige Antwort donnerte er mir mit seiner Riesenpranke auf die Schulter, sodass der Wodka in meinem Glas überschwappte.

Die Musik war jetzt unheimlich wild galoppierend und brüllend. Die Girls benahmen sich verrückt und frech, die Boys hatten alle glasige Augen. Die Agenturgenossen waren verschwunden. Ich ließ mich erheitert durch die fast berstende Modedisko treiben und traf mitten auf dem Dancefloor Natalie, eine Bekannte aus Köln. Was ist die Welt doch klein. Sie war hier zu Besuch bei ihrer Mutter und hatte die Gelegenheit genutzt, mit einer Freundin auszugehen. Wie sich herausstellte, war die Freundin die Wetterfee des ukrainischen Fernsehens, Olga Schostakowitschkaja oder so ähnlich. Eine unglaublich prominente, glamouröse Schönheit, die jetzt an der Seite eines echten deutschen DJs in Holzfällerhemd und Wanderschuhen zu sehen war. Wenn das mal keinen Skandal gab!

Den nächsten Tag verbrachte ich damit, mich mit zähem Willen durch die üsseligen Straßen Kiews zu kämpfen. Da ich nicht wusste, ob ich so schnell wieder hierher kommen würde, wollte ich unbedingt etwas vom Stadtbild mitnehmen. Viel gab es nicht her. Aber das kann auch am miesen Wetter und den miserablen Bürgersteigen gelegen haben, wegen denen ich nur selten den Blick auf den allgemeinen Verfall hob. Gut in Schuss waren nur die Filialen der bekannten internationalen Marken, alles andere ramponiert. An einem Straßenstand erstand ich nach langen Verhandlungen mit einer Bäuerin eine Banane, und bald ging ich wieder ins Hotel zurück, um dort zu schlafen und auf die Show zu warten.

Was dort geschah, ist schnell erzählt: Im Prinzip war alles genauso überkandidelt wie beim Auftritt in Odessa, nur ohne den Überraschungseffekt. Schon bei diesem zweiten Mal waren wir so routiniert und gleichzeitig von den orkanartigen Jubelstürmen so betäubt, dass wir uns hinterher nur noch höchstens fünf Minuten abfeiern lassen wollten. Irgendwie hatte man das Gefühl, dass das, was man da auf der Bühne abzog, zwar gar nicht übel, der übertriebene Enthusiasmus aber dennoch nicht angemessen war und in keinem Verhältnis zum Gebotenen stand. Schnell verließen wir die Feier und fuhren ins Hotel zurück.

Wie wir feststellten, gab es dort im Keller eine Disko. Die war bestimmt ein wenig intimer, dort könnten wir, bei attraktiver räumlicher Nähe zu den Betten, noch einen Absacker nehmen und gepflegt Manöverkritik üben, anstatt von Wildfremden pausenlos unverständliche Dinge ins Ohr gebrüllt zu bekommen.

Es war gegen drei Uhr nachts, die Stimmung im Hotel mehr als gespenstisch. Vor dem schmalen Eingang der Disko saßen links und rechts zwei Maschinengewehrsoldaten und schliefen tief, die Nasen auf die Mündungen gestützt.

Als wir den Club betraten, lief gerade der Evergreen »Smooth Operator« von Sade. Im Halbdunkel saßen zwei oder drei Männer an einzelnen Tischen und tranken. Auf einer blinkenden Halbinsel, die auf den Dancefloor ragte, tanzte ein einsames Mädchen im Bikini und hielt sich dabei an einer Stange fest. Doch sie blieb nicht lange allein. Kaum hatten wir uns an einen Tisch gesetzt und Wodka bestellt, paradierte etwa ein Dutzend Genossinnen durch den Raum und flatterte um uns herum und zwischen uns her wie Schmetterlinge. Offensichtlich hatte das Staatshotel Kiew seinen eigenen Tabledance-Schuppen.

Meine raren Erfahrungen in Tabledance-Läden hatte ich, na klar, als DJ gemacht. Natürlich nicht bei normalem Betrieb, sondern bei anspruchsvollen, intellektuell überformten Sonderveranstaltungen – einfach an einem regulären Abend in so einem Strip Joint zu spielen wäre wahrscheinlich lustiger gewesen. Im Dirty South der USA oder auch in Detroit sind Auszieh-DJs anscheinend gang und gäbe, wie man hört. In Deutschlands amerikanischster Stadt, Frankfurt, hatte der bekannte Labelimpressario und Theoretiker Achim Szepanski mal zu einer derartigen Soiree unter Mitwirkung der hochwertigen Live-Elektronik-Acts Luomo, M.I.R. und mir als DJ in den Golden Gate Club gebeten. Die diskursive Absicherung kam von Baudrillard, der sich wohl zum Thema Striptease dergestalt geäußert hatte, dass dieser als einzige Kunstform wahrhaftig sei. Ich weiß es nicht, mir kam es eher unwirklich vor. Das Szenario blieb weitgehend unbefriedigend.

Zunächst mal hatten all die bebrillten Technointellektuellen ohne ihre Freundinnen anrücken müssen – es gibt relativ wenig Frauen, denen es Spaß macht, ihrem Mann dabei zuzusehen, wie er einer anderen Frau beim Ausziehen zusieht. Gleichzeitig konnten aber auch die Stripperinnen nicht viel mit den Elektronik-Nerds anfangen – es kam kein Jubel, kein Pfiff, kein Wolfsgeheul – und vor allem keine Scheine, die irgendwo hingeklemmt wurden. Die Verknüpfung von subkultureller Underground-Unterhaltung und kommerzieller Sexindustrie unter dem Vorzeichen einer vagen Idee von Schlüpfrigkeit und Systemkritik erschien mir an den

Schamhaaren herbeigezogen. Vermutlich funktioniert doch beides besser getrennt.

Zu dieser Auffassung kamen nach einer Weile auch die Kiewer Gesellschaftsdamen, denn selbst ein Rundgang durch die verschiedenen Separees und Duschkabinen dieser Disko hatte zu keiner weiter gehenden Geschäftsbeziehung mit uns geführt. So trottete die Parade wieder davon. Bald war das Mädchen auf der Glitzerinsel wieder ganz allein, denn wenig später zogen auch wir uns bettschwer zurück.

PALANGA

Drei weitere Ukraine-Rodeos in entlege-
nen Orten wurden im Lauf des Winters
noch angefragt. Weil die Termine genau in
den Beginn des Irak-Krieges fielen, sagte
ich sie ab. Mit unserer bizarren Techno-
Metal-Country-Rodeo-Revue hatten wir
zum Ende der vergangenen Sommersai-
son lediglich noch einen Abstecher nach
Palanga gemacht. Es war sehr amüsant,
dass niemand, aber auch wirklich niemand aus meinem Bekanntenkreis auch
nur die geringste Vorstellung davon hatte, wo sich dieser obskure Ort befinden
könnte. Manche dachten an Spanien. Andere an die Karibik. Oder Südostasien.
Einer tippte sogar auf Papua-Neuguinea.
In Wahrheit ist Palanga das St. Peter-
Ording oder auch das Brighton von Litauen. Nördlich der Kurischen Nehrung
verbringt in diesem Kurort der Balte seine Sommerfrische. Es gilt als Hochburg
der Hedonisten. Man sagt, der Teufel
wird hier nicht per se als bös betrachtet. Gleich bei Palanga lag einstmals ein
kleines Dorf mit dem schönen Namen
Nimmersatt, »wo das Reich sein Ende
hat« – der ehedem nordöstlichste Zipfel
des Deutschen Reichs. Heute heißt das

Dorf Nemirseta und ist ein Stadtteil von Palanga geworden.

Nicht weit entfernt, in einer ostpreußischen Gegend namens Masuren, hatten meine Eltern ihre Kindheit verbracht. Eine gute Gelegenheit nachzusehen, wie es dort wohl in etwa ausgesehen haben mochte. Sandböden und Fichten beherrschten das Bild. Flache, bungalowartige Häuser säumten eine lange Promenade, die zum Meer hinführte. Die Verkaufsstände, an denen in anderen Urlaubsorten Zuckerwatte oder Fritten angeboten werden, führten fast ausnahmslos Räucherfisch. Frischen Fisch schien es nirgendwo zu geben, nicht mal in dem von Einheimischen empfohlenen, regionaltypischen Terrassen-Restaurant, in dem wir uns zum Lunch niederließen. Stattdessen bestellten wir alle die lokale Spezialität: Zeppelinos. Zwei immense gekochte Klöße in Form von, natürlich, Zeppelinen. Diese sind mit Hackfleisch gefüllt und mit einer zähflüssigen Mehlsoße überzogen. Ich konnte davon exakt zwei Gabeln hinunterbringen, dann waren mein Magen zubetoniert und meine Geschmacksknospen verwelkt.

Nach einer unter diesen Umständen mehr als ausgedehnten Siesta bummelten wir am frühen Abend ein weiteres Mal die Urlaubermeile entlang, um den Kreislauf für unseren späteren Auftritt wieder in Schwung zu bringen. Überall hatten jetzt unter dem Schein von bunten Glühbirnen die Biergärten geöffnet, und man musste anerkennen, dass Live-Musik hier noch einen hohen Stellenwert hatte. Praktisch jede Gastronomie verfügte über ihr eigenes Unterhaltungs-Trio, in immer wunderlicheren, selteneren Konstellationen. Im einen Garten waren es Synthesizer, Trompete und Sopran, in einem anderen Akkordeon, Banjo und Bariton, in einem dritten Querflöte, E-Gitarre und Knödeltenor. Nie verzichtet wurde auf den feierlichen, geschulten Gesang und auch nicht auf die billige, rappelnde Rhythmusmaschine, die den Drummer ersetzte. Die Stücke waren mir ausnahmslos unbekannt, es war offenbar lokale Folklore in furiosen Tempi, aber mit stets melancholischer Grundstimmung. Auch ich verfiel beim Herumlaufen in dieser Kulisse, zu diesem Soundtrack, in eine Art 60er-Jahre-Lolek-und-Bolek-Wehmut. Die Zeit schien stehen geblieben, die Kinder freuten sich hier noch am einfachen Karussell und einer Zuckerstange, die Eltern brauchten nur ihr Bier und ein paar Weisen aus der guten, alten Zeit.

Das westimportierte Rodeo gab es diesmal als mediterrane Strandparty mit Kukuruz-Fressbuden und Glimmerschnickschnack. Nach einem großartigen Sonnenuntergang wurde es allerdings schnell sehr kühl, sodass die hiesigen Hedonisten tatsächlich wie die Teufel tanzen mussten. Trotzdem versandete die Party schon bald, was ich persönlich als nicht weiter schlimm empfand – umso ausführlicher konnte ich am nächsten Morgen bei einem langen Spaziergang unter Fichten eine Ahnung meiner baltischen Wurzeln inhalieren.

Monate später musste ich erneut nach Litauen, diesmal allerdings nicht in die Sommerfrische, sondern ins Wintermärchenland. Das Goethe-Institut in der Hauptstadt Vilnius hatte ein Programm mit progressiven Musikvideos aus Deutschland gebucht, dazu das bereits erprobte Set deutscher Tanzelektronik. Also packte ich wieder meinen Musterkoffer und machte mich auf den Weg.

Ganz egal, wohin man mit dem Flugzeug reist: Ein festes Ritual ist immer die persönliche Durchsage des Kapitäns etwa zwanzig Minuten nach Erreichen der Sollflughöhe, wenn alles so weit geschmeidig läuft, die Mahlzeiten serviert sind, der Autopilot eingeschaltet ist und im Cockpit die Füße hochgelegt werden können. Diese kleinen Ansprachen beruhigen sehr durch eine souverän in sich ruhende, fitte Coolness, verbunden mit dem professionellen Runterschnurren **185** technischer und geografischer Details. Das schafft enormes

Vertrauen und grenzenlose Zuversicht in die moderne Welt der Technik.

Als sich aber der Pilot der etwas angeknautschten Propellermaschine von Air Lithuanian nach dem Start in Frankfurt pünktlich zu Wort meldete, war etwas anders als sonst: In einem melancholischen, unermesslich müden Tonfall schien er uns in seiner eigenwilligen Sprache darüber zu informieren, dass wir Todgeweihte sind, dass wir alle sterben müssen – wenn auch nicht unbedingt auf diesem Flug. Er hatte ja genau genommen vollkommen Recht, aber sein Monolog drängte die Gedanken doch in eine Richtung, die man über den Wolken nur ungern einschlagen möchte. Zwei Stunden später landeten wir wohlbehalten in Vilnius.

Weil es schon dunkel war, stellte sich kein richtiger, greifbarer erster Eindruck ein, außer dem, sich offensichtlich in einem postkommunistischen Land zu befinden. Nur spärliche Tranfunzelbeleuchtung, wenig Verkehr – die Silhouetten stillgelegter Fabriken waren nur zu erahnen. Es lag reichlich Schnee in Form von schmutzig-grauen Hügeln entlang der Straße. Entgegen der Vorwarnung ließ sich die Temperatur aber ganz gut aushalten. Es herrschten eher minus zwei als minus zwölf Grad Celsius. Die Taxifahrt zum Hotel dauerte keine zwanzig Minuten, und in der Innenstadt wirkte alles auch gleich viel gemütlicher. Das gute Hotel Apia lag zwanzig Meter von meinem Auftrittsort Club Cozy entfernt, das Zimmer war bullig heiß und in Blau und Gold gehalten.

Zwei freundliche Damen vom örtlichen Institut führten mich aus ins Theaterrestaurant am Ende der Deutschen Straße, die wirklich so heißt. Hier gab es zum Glück keine plumpen Zeppelinos, sondern moderne, skandinavisch-mediterrane Fusionsküche. Das Lammfilet war mit Honig glasiert. Weil ich schon ziemlich müde war, machte ich anschließend im Cozy nur noch eine Stippvisite. Bernie, der Besitzer, war Holländer und seit vier Jahren hier, sein französischer Resident DJ Jean-Philippe seit drei. Beide waren begeistert davon, was man als Freischaffender in diesem Land auf die Beine stellen kann. Während die gebildete Jugend Litauens nach ihrer Ausbildung zumeist die Heimat Richtung Westen verließ, zog es junge Westeuropäer mit Pioniergeist magnetisch in dieses Land der Möglichkeiten und des Aufschwungs, an dem man spürbar mitwirken konnte.

In meinem Zimmer sah ich noch fern – es lief »Eyes Wide Shut« von Stanley Kubrick, in einer dieser eigentümlichen Auslandsversionen, bei der das amerikanische Original einfach von einer Simultanübersetzung gedoppelt wird, mit nur einer Stimme für alle Rollen und in der gleichen Lautstärke wie die echten Dialoge. Darüber schlief ich bald ein.

Am nächsten Morgen brach ich zeitig auf, um die Stadt zu erkunden. Vilnius ist zur Hälfte idyllisches Zwergendorf aus dem 17. Jahrhundert, zur anderen heruntergekommene Platte von Mitte der 70er. Diesen Kontrast kann man besonders schön erleben, wenn man mitten in der Stadt den Berg zur historischen Burg hinaufläuft, vorbei an Dutzenden bettelnder, alter Mütterchen und Väterchen. Anders als in westdeutschen Innenstädten betteln in Osteuropa keine jugendlichen Punks, sondern alte Leute, die tatsächlich keine verdammte Zukunft haben.

Das lokale Souvenir ist Bernstein, denn man nennt den baltischen Teil der Ostsee nicht umsonst die Bernsteinküste. Für meine Tochter erstand ich ein Haargummi in Form einer Blüte mit Blättern aus Bernstein. Mein Sohn bekam eine sehr interessante Lupe in Form eines Würfels, auf dessen Boden ein Stück Bernstein lag, in dem eine Mücke gefangen war. »Hundert Millionen Jahre alt!«, gab ich schauerlich damit zu Hause an, ein Hundertstel davon hätte es wohl auch getan. Und es bleibt nicht auszuschließen, dass das Objekt in Wahrheit erst von letzter Woche war.

Die Party im Club Cozy war ein großer Genuss. Im Erdgeschoss brummte das Restaurant, im Gewölbekeller brannte der Dancefloor zu den Tracks von Robag Wruhme, DJ Koze, Schaeben & Voss und all den anderen, die mich in den letzten Jahren begleitet hatten. Viele Stücke schienen den Leuten vollkommen vertraut zu sein. Aber dass ich sie auf echten Schallplatten dabeihatte, sorgte auch hier für Respekt und Bewunderung – in Litauen gibt es ebenso wenig Schallplattenhändler wie in der Westbank, wenn auch aus anderen Gründen. Die meisten DJs hier wie dort ziehen sich die Musik aus dem Netz, ohne diese Praxis wirklich gut zu finden, eher aus der Not heraus. Am liebsten würden alle Vinyl kaufen. Die Szene hier war kosmopolitisch-europäisch, man hatte den Eindruck, dass jeder schon mal in Köln, Paris oder Barcelona studiert und gefeiert hatte. Vielleicht war es die Nähe zu Skandinavien mit seiner florierenden Elektronik-Szene, die sich hier sowohl in der musikalischen Geschultheit wie auch in der mentalitätsmäßigen Gelassenheit wiederzufinden schien. Während man in Russland auch nachts in der Disko noch unzweifelhaft wusste, in welchem Land man war, so wie die Leute tobten, hätte dieser gelassene Tanzboden sich in jeder westeuropäischen Großstadt befinden können.

Ein Tag der offenen Tür

ANKARA, NOVEMBER 2003

»Die nächsten fünf Minuten lang rauchte
ich aus allen Poren wie ein Holzhaus,
das im Innern brennt.«
Mark Twain,
»Die Arglosen im Ausland«

»Ey, Alter! Was soll die schwule Scheiße? Musst du spielen korrekten 50-Cent-
Snoop-Dogg-R&B!«

Es klang wie in Köln-Ehrenfeld, aber es
war Ankara. Höflich wies ich den jungen
Mann in Baggypants darauf hin, dass ich
nicht gekommen war, um US-Rap zu re-
präsentieren, sondern elektronische Musik
aus Deutschland. Dann blendete ich weiter das sehnsüchtige »1, 2, 3 No Gravity«
von Closer Musik in das melancholische
»Happiness« von Superpitcher. Entgeistert
forderte er:

»Dann musst du eben spielen harten
Techno, Love Parade.«

Seine Kumpel nickten einmütig unter
ihren Kappen und Kapuzen und sagten
»Ja, ja«, »Yo« und »Respekt« und ver-
schränkten ihre dünnen Arme vor der

Brust. Die HipHop-Halbwüchsigen hatten sich im Halbkreis vor den Plattenspielern aufgebaut und stellten ihre resoluten Musikforderungen auf Deutsch. Wie sich bald herausstellte, handelte es sich um Lehrlinge der Firma MAN, die ihnen hier beim Goethe-Institut einen korrekten Deutschkurs bezahlte. Ich fand das Resultat des Kurses gelungen-authentisch.

Das Institut hatte zum Tag der offenen Tür in der Vorweihnachtszeit eingeladen und mich für den abendlichen Ausklang als DJ gebucht. In der Lobby des Institutskinos – ein holzgetäfelter 60er-Jahre-Raum wie in einem DDR-Film, dekoriert mit großformatigen Schwarzweißfotos deutscher Polit-Impressionen – hatte man eine kleine, aber verteufelt laute Disko-Anlage aufgebaut und einige bunte Scheinwerfer. Weil ich noch Zeit hatte, bevor es losging, erkundete ich das ganze Haus und sah mir die verschiedenen, jetzt bunt dekorierten Lehrräume an. Es war alles recht rührend und trist, und sehr hübsche Mitarbeiterinnen und Meisterschülerinnen verkauften Tee oder deutsche Spezialitäten wie Frankfurter Würstchen. Alle Besucher kannten sich natürlich und waren wahrscheinlich sowieso jeden Tag im Institut. Außer dem Institutsfahrer Sehan, der mich vom Flughafen abgeholt hatte, kannte ich niemanden. Als muttersprachlicher Deutscher kam ich aber schnell mit den Leuten ins Gespräch, jeder wollte mir gern seine Sprachkenntnisse vorführen. Nicht zuletzt die Homeboys von MAN.

Weil die Bombenanschläge von Istanbul nur wenige Wochen zurücklagen, hatte man nicht nur 25 türkische Polizisten und eine Flughafen-Sicherheitsschleuse bestellt, sondern zusätzlich noch zwei Spezialisten vom Bundesgrenzschutz, den blonden Uwe und den dunklen Erich. Vor dem Gig gingen sie mit mir abendessen, deshalb kam es mir vor, als wären sie als Personenschutz extra für mich abgestellt. Sehan hatte uns in ein, wie er sagte, bei Professoren beliebtes

Restaurant gebracht und war gleich mit uns dageblieben. Ich sagte zu Uwe und Erich, dass ich es interessant finde, dass für die Bewachung deutscher DJs im Ausland jetzt schon Spezialagenten eingesetzt werden. Sie lächelten viel sagend und sagten nichts. Dann fragte ich, als der Kellner kam, ob sie auch ein Bier bestellen würden. Wieder dieses Schweigen und Lächeln, und sie bestellten Apfelschorle. Die gab es nicht, sie nahmen stattdessen Wasser und Cola. Ich versuchte, ihnen ein paar spannende Insiderstorys zu entlocken, doch diese Herren waren noch verschlossener als der Bademeister im Hamam, der mich nachmittags auf brutale Weise fit für den Auftritt gemacht hatte. Der jüngere Uwe sagte gar nichts, der ältere Erich ließ durchblicken, dass er in Afghanistan gewesen war und dort »Dinge« gesehen hätte. Was für welche ließ er offen. Auf Nachfrage sagte er: »Naja, man sieht halt schon so Dinge.« Dann blickte er bedeutungsvoll zu Boden und dann in die Ferne. Die beiden sahen schick aus in ihren gedeckten Nadelstreifenanzügen mit Rollkragenpullovern und kurzen, präzisen Haarschnitten. Was den Style betraf, konnte ich diesen Männern die Überwachung des DJ-Sets bedenkenlos anvertrauen. Uwe sah Erich an und sagte zu ihm:

»Die finde ich ganz schön trocken, die Lammspieße.«

Erich sagte: »Ich frage mich schon lange, was in diesem Brei hier drin ist« und stocherte in einer der vielen Schalen herum, die auf dem Tisch standen. Auch auf mich hatte das Essen in Ankara einen eher faserigen Eindruck gemacht. Ich weiß nicht, was Professoren daran finden könnten. Die Beamten tupften sich den Mund mit ihren Servietten ab. Als sie aufstanden, sah ich ihre Revolver. Oder sagt man Pistolen? Erich und Uwe gingen allerdings nicht in die Küche, um sich mit dem Koch über »Dinge« zu »unterhalten«, sondern schon mal als Vorhut ins Institut, um dort die Sicherheitslage zu inspizieren. Sehan und ich blieben noch auf einen türkischen Kaffee.

Sehan war in Bern geboren und sprach Deutsch und Türkisch mit schwyzerdütschem Akzent. Er hatte mich den ganzen Tag durch die Stadt kutschiert. Wir waren im weitläufigen Atatürk-Mausoleum gewesen und hatten dort das komplizierte Ritual der Wachablösung verfolgt. Hier wurde Führerkult noch im Breitwandformat hochgehalten. Alles war enorm, die Treppen, die Säulen, das Ausmaß des Platzes. Man verzwergte förmlich. Die heutige deutsche Dezenz wird einem immer erst im Ausland richtig bewusst.

Zum Mausoleum gehörte ein Museum, in dem Reliquien besichtigt werden konnten, wie etwa Prothesen, Pfeifen, Brillen und Bajonette. Heroische Schlachtgemälde und Installationen mit Kriegslärm vom Band hämmerten den zahlreichen Schulkindern Angst, Stolz und Ehrfurcht vor den vielen historischen Taten des Staatsmannes ein. Ein Teil der Bevölkerung identifiziert sich rückhaltlos mit ihm, der das lateinische Alphabet eingeführt und den Fez abgeschafft hatte. Ein anderer lehnt ihn, genau aus diesen Gründen, ebenso vehement ab. Sehan gehörte zu den Befürwortern, für ihn war ein Besuch hier immer ein andächtiger Moment. Er war klar europaorientiert und praktizierte einen entspannten, modernen Islam.

»Ich bete, wenn mir danach ist. Das macht mich nicht zu einem schlechteren Moslem. Niemand kann über die Qualität meines Glaubens urteilen außer Gott. Deshalb ist es wichtig, dass Religion Privatsache ist. Es ist eine Sache zwischen dir und Gott«, erklärte er auf seine bedächtige Schweizer Art und kratzte sich den gepflegten Bart. Dann fragte er mich:

»Bist du gläubig?«

»Natürlich«, antwortete ich.

»Gut«, sagte Sehan.

Dabei lenkte er den Van durch eine kalte, trübe Suppe, die jetzt in immer dicker werdenden Fäden vom dunkelgrauen Himmel kam. Es war Ende November, der Moloch lag in klebrigem Dunst. Die Luft war beeindruckend schlecht. Vier

Millionen Menschen mit Autos und Braunkohleheizung erzeugten einen mehr als beachtlichen Smog. Schön fand ich es hier im engeren Sinne nicht. Ankara war eine harte, kalte Verwaltungsstadt ohne Orientflair und erinnerte eher an eine alte, kommunistische Kapitale mit breiten Paradestraßen und peinlich pathetischen Kriegsdenkmälern alle paar hundert Meter. Wir fuhren zu einer alten Burgruine hoch, die da schon seit uralten Zeiten steht. Ankara war über tausend Jahre hinweg nur eine entlegene Kleinstadt gewesen. Erst im frühen 20. Jahrhundert, als das Osmanische Reich zerfiel, wurde es zur Kriegshauptstadt, von der aus Atatürk den Erhalt der Rest-Türkei organisierte. In geübten Worten erklärte uns das ein kleiner Junge, der oben auf den Zinnen mit seiner Schwester Souvenirs verkaufte. Ich erstand eine Häkelmütze, dann fuhren wir in die Stadt zurück.

Überall auf dem Weg standen riesige, nagelneue Moscheen mit enormen Minaretten. Ich sah Massen von Häusern, von denen man nicht sagen konnte, ob sie gerade aufgebaut oder abgerissen wurden. Sehan erzählte von einem Gesetz, dem zufolge Behausungen, die innerhalb einer einzigen Nacht errichtet, auch geduldet werden müssen. Vorausgesetzt, sie haben vier Wände und ein Dach. Die Stadt schien von einem dichten, täglich anschwellenden Ring aus solchen Häusern umgeben zu sein.

»Was willst du als Nächstes sehen?«, fragte mich Sehan. Ich hatte keine Ahnung, ich fand in diesem Moment nichts besonders attraktiv, was sich unter freiem Himmel befand.

»Was würdest du denn jetzt gerne machen, bei dem Wetter?«, fragte ich Sehan.

»Oh, wenn ich es mir aussuchen könnte, würde ich jetzt in ein türkisches Bad gehen, in den Hamam. Bei dem Wetter ist das genau das Richtige.«

Das war eine geniale Idee. Das hatte mich immer schon interessiert, aber ich hätte es mich in Ankara wohl kaum alleine getraut. Dank meines Begleiters konnte ich aber nichts falsch machen. Er war schon mit seinem Vater in den Hamam gegangen, in genau denselben alten Hamam, in den er auch mich jetzt brachte. Nachdem wir uns in einer der kleinen Kabinen ausgezogen hatten, wickelten wir uns eine Art trockenes Tischtuch um die Hüften, das zuerst nicht richtig hielt und später, wenn es erst einmal nass war, am Körper klebte wie eine zweite Haut. Dann betraten wir das eigentliche Bad, und konnte ich ohne Brille schon vorher wenig sehen, lief ich nun im Nebel herum wie ein Grottenolm. Aus den Schwaden tauchten ab und zu kolossale, mürrische Bademeister mit haarigen Teppichen auf Brust, Schultern und Rücken auf. Wir hockten eine Weile in einem Nebenraum und begossen uns mit warmem Wasser. Mir war sehr heiß. Sehan erzählte von verschiedenen Details des Baderituals. So dürfen Jungs bis zum Alter von sechs Jahren mit in den Frauenbereich gehen, danach kommen sie zu den Männern. Auch was das Thema Sex betrifft, gibt es eine Regel – man lässt sich hinterher reinigen.

Es wurde Zeit, sich auf die Schlachtbank im Zentrum des Badehauses zu legen. Einer dieser stummen Kolosse, bestimmt viermal so schwer wie ich, packte mich, drehte mich auf den Bauch und begann, mich mit einem rauen Handschuh abzubürsten wie eine Schweineschwarte. Dann überschwemmte er mich ohne Vorwarnung mit einer ungeheuren Menge Seifenschaum. Ich konnte gerade noch rechtzeitig den Mund schließen. Er drehte und wendete mich hin und her, schrubbte und polierte und begann dann eine Massage, dass mir Hören und Sehen verging. Nur aus Angst vor Schlimmerem biss ich die Zähne zusammen und unterdrückte mein Verlangen, vor Schmerz zu schreien. Schließlich drehte er mich wieder auf den Rücken, faltete meine Arme über der Brust und drückte mit seinem ganzen Gewicht auf den Brustkorb, dass mein Geripp nur so knackte. Danach fühlte ich mich ganz heiter und erleichtert. Zuletzt wusch er mir noch die Ohren, wickelte mich in neue, trockene Tücher und wies mich schweigend zur Tür. Nach dieser Behandlung hatte der schmutzig graue Novembertag jeden Schrecken für mich verloren.

Die Party am Abend begann verhalten. Ernst und wichtig wie Wahlbeobachter standen Uwe und Erich im Eingangsbereich und passten auf, dass die türkischen Polizisten die Besucher korrekt kontrollierten. Im improvisierten Partyraum hatten sich schon einige Menschen versammelt, sahen sich die Fotos an und rauchten. Ich begann mein Set mit dezenter Bildungselektronik von Künstlern wie Jan Jelinek, März oder Hausmeister, wie sich das bei vielen Goethe-Gigs bewährt hatte. Damit setze ich erst mal den Ton, um anschließend weiterzusehen, was präzise das jeweilige Publikum am jeweiligen Abend so braucht oder aushalten kann. Nicht immer wird das so explizit deutlich wie in meiner Unterhaltung mit den MAN-Jungs.

In dem Fall war die Sache klar. Uwe machten sie zwar ein bisschen nervös, als er merkte, dass sie mich maßvoll aggressiv bedrängten. Aber ich signalisierte ihm mit einer beruhigenden Geste, dass ich alles im Griff hatte. Dann zog ich innerhalb weniger Stücke das Tempo gewaltig an, und bald bretterte ich die Bude im Love-Parade-Afterhours-Stil zusammen, dass die Holzpaneele fast von der Decke kamen. Ein paar Fotos fielen von der Wand, so sehr vibrierte alles. Es war alles andere als die gemütliche Gangart, die ich für dieses Fest ursprünglich vorgesehen hatte. Aber es machte Spaß und war absolut repräsentativ für den deutschen Techno der 90er Jahre. In diesem Stil polterte ich fast zwei Stunden, während von den Azubis bis zur Bibliothekarin alles tanzte und johlte. Sogar Uwe klopfte mit dem Fuß den Takt mit und beobachtete dabei interessiert meine Mixtechnik. Als ich gerade einen Gang zurückschalten wollte, aus Sorge, dass der Raum dauerhaften Schaden erleiden könnte, kam die Institutsleiterin zu mir, nahm ihre Ohrenstöpsel heraus und bedankte sich bei mir.

»Ist denn schon Schluss?«, fragte ich.

»Ja, sicher. Wir hatten die Veranstaltung bis 22 Uhr angesetzt, jetzt ist es schon Viertel nach.«

So kam es zu einer ziemlichen musikalischen Vollbremsung. Mit dem »Liebeslied« von den Beginnern im Remix des österreichischen DJs DSL beendete ich die Feierlichkeiten zwar abrupt, aber dennoch angenehm. Mit einer richtigen Elektronik-Veranstaltung hatte das alles nicht viel zu tun gehabt.

Diese Musik sei nichts für Ankara, sagte Sehan, als ich meine Platten zusammenpackte. Ich müsse dafür nach Istanbul gehen, dort gäbe es die richtigen Clubs für diesen Sound.

»Ja, das sollte ich wohl tun, ich habe viel davon gehört. Aber es hat mir hier trotzdem Spaß gemacht. Mir gefällt es immer sehr gut, wenn die Situation so ein wenig merkwürdig ist. Bestimmt haben manche Leute diese Musik heute zum ersten Mal im Leben gehört und wären dafür auch nie in einen richtigen Club gegangen. Oder diese harten Testosteron-Jungs: Die haben vorhin so heftig getanzt, dabei war die Hälfte der Platten von schwulen Produzenten.«

Das war zwar wahrscheinlich übertrieben und eher als kulturpolitische Aussage zugespitzt gemeint. Sehan, Erich und Uwe stutzten. Auch ihnen war das nicht bewusst gewesen. Sie sahen verunsichert aus. Vielleicht hatte ihnen genau eine dieser schwulen Platten besonders gut gefallen? Wären sie dann nicht auch ein bisschen schwul? Ich verabschiedete mich und ließ die Herren mit diesen bangen Gedanken allein. Alle waren plötzlich sehr nachdenklich und still.

Eine Theaterpremiere

RIO DE JANEIRO, NOVEMBER 2004

Wieder ging es nach Rio de Janeiro, wo in der Altstadt ein verfallenes Kolonialtheater reaktiviert worden war. Dort wurde während des ganzen Novembers ein buntes Kulturprogramm präsentiert, mit Perfomances, Ausstellungen, Partys, Konzerten, Workshops und allem, was so dazugehört. DJ-Darbietungen zum Beispiel. Deshalb hatte man mich eingeladen. Präzise gesagt, sollte ich auf einer Party auflegen, ansonsten dürfte ich mir gern noch irgendeine andere Sache ausdenken, die ich während der Aktionswochen dort aufführen könnte.

Na, dann mach ich eben eine Lesung, schlug ich wenig originell vor. Das war nicht viel Aufwand im Verhältnis zum Unterhaltungseffekt – außerdem hatte ich ein paar Texte über Brasilien im Repertoire, die hätte ich ja vortragen und simultan übersetzen lassen können. Mein DJ-Auftritt war für Montagabend geplant, das

Lese-Event für Donnerstag, und am Sonntag würde es schon wieder zurück nach Deutschland gehen. Trotzdem war es sehr angenehm, wenngleich nur kurz, so doch ausgerechnet in kalten Monaten wie Januar und November in die *cidade maravilhosa*, die wunderbare Stadt, geladen zu werden.

Umso erstaunlicher, dass kurz vor der Landung bekannt gegeben wurde, dass aufgrund der schlechten Wetterlage eine Landung in Rio vielleicht unmöglich war und wir wohl nach São Paulo ausweichen würden.

Für brasilianische Verhältnisse war es in der Tat katastrophal: inakzeptable 17 Grad plus, und es regnete. Mit zusammengebissenen Zähnen und Todesverachtung zog der Pilot die Maschine schließlich dennoch nach unten und landete in diesem für Kölner Verhältnisse durchschnittlichen Herbsttag.

Im Hotel warf ich mich aufs Bett und studierte die Unterlagen, die mir ein bibbernder Concierge beim Einchecken übergeben hatte. Nach einer Weile wurde mir endlich richtig klar, worum es hier überhaupt ging.

Die Eventwochen namens »Inventario de Tiempo« kreisten eigentlich um eine zentrale Attraktion: die neue Inszenierung von Virginia Woolfs Drama »Orlando«, unter Leitung der brasilianischen Starregisseurin Bia Lessa. Im Wesentlichen war ich als DJ für die Premierenparty gebucht. Und diese Premiere und somit die Eröffnung des gesamten Spektakels war, während ich noch über dem Atlantik schwebte, kurzfristig von Montagabend auf den folgenden Samstag verschoben worden – man war probenmäßig einfach noch nicht so weit. Dies hatte für mich zwei Konsequenzen: Die Lesung konnte ich knicken. Als Eröffnungsveranstaltung des Festivals war sie nicht geeignet und ein Ausweichtermin nicht zu finden. So hatte ich eine Woche Rio zur freien Verfügung.

Schicksalsergeben fügte ich mich in dieses Los und stürzte mich für ein paar Runden in den großen Swimmingpool auf der Terrasse. Das Dienstpersonal stand wie gebannt in dicken Parkas darum herum und bewunderte den harten Hund aus Deutschland.

Am Abend holte mich Fabiana ab, um mit mir zu den laufenden Proben zu fahren. Sie war Bia Lessas Assistentin, und wir hatten bis dahin per E-Mail Kontakt gehalten. Die zierliche Person hatte dunkle Ringe unter den Augen und trug den rechten Arm in einer Schlinge wie ein Vögelchen mit gebrochenem Flügel. Eine Sehnenscheidenentzündung von viel zu vielen E-Mails, erklärte sie mir. Ihr klappriger VW-Käfer konnte nur durch die Fahrertür bestiegen werden. Durch einen gleichmäßig strömenden Regen wie in »Blade Runner« ging es in die Altstadt, durch ausgestorbene Straßen, in denen nur hier und da ein Schatten von Unterstand zu Unterstand huschte.

Das Theater war von außen nicht als solches zu erkennen, die alte Fassade war bereits vor Jahrzehnten eingeschalt worden. Doch als sich die Tür zum Foyer öffnete, schlug mir der Atem der kolonialen Ära muffig entgegen. Eine kunstvoll geschwungene Freitreppe führte nach oben, und Fabiana geleitete mich auf den ersten Balkon, damit ich mir einen Überblick verschaffen konnte. Es war ein Traum in Rostrot, Erdgelb und Moderbraun. Das Theater sah aus wie ausgegraben, kurz vor dem Zusammenbrechen, doch man ahnte den Glanz vergangener Tage. Statt einer Bühne war eine Ebene eingezogen worden, sodass das Publikum entweder vom Balkon auf das Geschehen hinunterblickte oder sich auf gleicher Höhe mit den Ereignissen befand. Einige begehrenswerte Plätze waren sogar direkt auf der Spielfläche angeordnet, auf der jetzt eine Prozession von verhüllten Kapuzenmönchen gemessenen Schrittes erschien. Sie hielt inne, einer der Mönche trat nach vorne, warf die Kapuze zurück – es war ein schönes, blondes Mädchen, das jetzt sehr laut und sehr genau verschiedene Wörter deklamierte, von denen ich kein Einziges verstand. Dann ließ sie zunächst den Umhang, dann sich selbst zu Boden gleiten. Als hätte man es ge-ahnt, sie war darunter nackt.

»Stop!«, kam jetzt eine resolute Frauenstimme per Mikro-fon über die Anlage. Die nackte Schauspielerin stand wieder auf, und Fabiana nickte mir zu, um nach unten zu gehen und mich mit dem Ensemble bekannt zu machen. Unten, auf der Spielebene, schoss Bia Lessa direkt strahlend auf mich zu, nahm mich überschwänglich in den Arm und herzte und küsste mich – wir hatten uns seit Jahren nicht gesehen, ge-nau genommen noch nie, und ich jedenfalls hatte auch noch nie von ihr gehört. Ich möchte wetten, ihr ging es genauso. Trotzdem gab sie mir das Gefühl, dass mein lang ersehntes Erscheinen soeben das Stück gerettet hätte und als könnte jetzt endlich, endlich alles, alles gut werden. Sie war viel-leicht fünfzig Jahre alt, vielleicht einsfünfzig groß, höchs-tens fünfzig Kilo schwer, ein echter Spatz, mit der Ener-gie von mindestens fünfzig Mann. Sie nahm mich bei der Hand, um mir das Ensemble vorzustellen: vier Aktricen, vier Akteure, die sich bis zu zwanzig Mal umziehen mussten. Überglücklich über mein Erscheinen wurde ich von ihnen umringt – die Mönchin hatte sich rasch ein Handtuch um-gewickelt –, und schon war ich ein Kollege, Mitglied des Ensembles. Es war mir Ehre, Vergnügen und Pflicht.

Fabiana erklärte mir den Clou: Die meisten insbesondere der weiblichen Darstellerinnen waren in Brasilien äußerst bekannte Soapstars, die sich hier aber krass gegen den Strich bürsten ließen – etwa so, als würden sich Yvonne Catterfeld und Jeanette Biedermann in einer Schlingensief-Version der »Räuber« an der Volksbühne alle zehn Minuten ausziehen. Einfach großartig, diese lateinamerikanischen Katholiken! Hier war Sünde noch Sünde, hier wurden noch mit Herzens-lust Tabus gebrochen, auch wenn sich längst niemand mehr darüber aufregte – es machte einfach Spaß und gehörte dazu.

200   Unter vielen Umarmungen und Küssen verabschiedete ich mich schließlich von meinen neuen Freunden und Kollegen bis zur nächsten Probe, die ich auf keinen Fall verpassen durfte, sonst würde es Zoff mit Bia geben. Alles, nur das nicht! Durch strömenden Regen kurvte ich mit Fabiana durch Santa Teresa, das steil ansteigende Boheme-Viertel, auf der Suche nach einem kleinen, gesunden Snack. Die Gute war makrobiotische Veganerin, weshalb ich meinen Appetit auf große Portionen Fleisch noch einmal vertagte. Schließlich brachte sie mich ins Hotel zurück, wo ich mich bald glücklich zu Bett begab. Ich war jetzt beim Theater! Wie herrlich!

Am nächsten Morgen stieg die Temperatur auf knapp zwanzig Grad, der Himmel war immer noch grau, aber die ersten wackeren Cariocas wagten sich schon wieder nach draußen. Das Personal hatte sich schon an den Anblick des verwegenen Deutschen gewöhnt, der den Elementen trotzte, stoisch im Pool seine Bahnen zog und sogar bei offenem Fenster schlief. Nach dem Frühstück rief ich Gustavo an. Ich hatte ihn im Januar kennen gelernt, als ich für eine Karnevalsausstellung hier gewesen war. Diesmal hoffte ich, auch seinen Vater zu treffen, den alten Krautrock-Experten aus den Tropen. Leider hatte Gustavo erst am Mittwoch Zeit, er musste für eine Prüfung lernen. Ich beschloss, anders als bei meinen letzten Besuchen, Rio diesmal auf eigene Faust und zu Fuß zu erkunden.

Das war etwas, wovor man immer wieder vehement gewarnt wurde und was in Wahrheit durchaus interessant und machbar ist. Rio gilt, neben Johannesburg, Caracas, Kabul und Bagdad, als eines der gefährlichsten Pflaster überhaupt und ist von den erwähnten die einzige Touristenmetropole, was ja wiederum auch einen wichtigen Grund für die vielen Verbrechen darstellt. Dafür, dass ich nie ein besonderer Fan dieser Stadt gewesen bin, hatte es mich in den letzten zehn

Jahren ungewöhnlich oft hierher verschlagen. Rio war mir immer zu körperkultig und selbstverliebt gewesen, zu sehr seinem eigenen Mythos verhaftet, zu begeistert von sich selbst und somit übrigens auch in dieser Hinsicht Köln nicht unähnlich. Aber seit dem Januarbesuch und den vielen privaten Freundschaften, die sich dadurch ergeben hatten, fühlte ich mich hier inzwischen doch recht behaglich. In uralten Skateshorts, mit Vollbart und Kappe machte ich mich also auf, um vor allem endlich mal andere Gegenden zu erkunden als das ewige Ipanema.

Santa Teresa zum Beispiel ist gleichzeitig ein sehr schönes und sehr heikles Veedel von Rio. Hier wirken Künstler, hausen Gangster. Steil steigt es bergan, eine wacklige Tram rappelt hinauf in dieses traditionelle Boheme-Quartier. Man hat gar nicht das Gefühl, dass die Bahn überhaupt auf Schienen fahren würde, sondern direkt auf dem Kopfsteinpflaster.

Hier oben hatte Bia Lessa ihr Haus, und als ich lange genug herumgelaufen war, hing ich dort oben eine Weile ab, um mich auszuruhen. Es war ein fantastisches Haus, nicht prunkvoll, aber eines der Künste, der Wandteppiche und Holzpaneele, der Skulpturen, Keramik und Mosaike sowie der Wachhunde, Zahlenschlösser und vergitterten Fenster.

Ein paar Schritte entfernt war die Trambahnstation. Als ich nach meinem Besuch dort herumstand und wartete, bremste plötzlich scharf ein Motorradfahrer vor mir und fragte mich hektisch nach dem Weg. Vielleicht war die Polizei hinter ihm her?

»Sorry, no blablar portugeisch ...«, antwortete ich.

»Ah, Argentino!«, rief er und brauste weiter.

Dann näherten sich zwei bleiche Männer in Hawaiihemden und eine Asiatin, die mich in gebrochenem Portugiesisch nach der Abfahrtszeit fragte. Ich sagte:

»Sorry, no blablar portugeisch ...«

»Ach, bist du aus Kolumbien?«, fragte sie auf Englisch.

»Nein, ich bin aus Deutschland.«

»Wirklich? Was machst du hier?«

»Ich warte auf die Tram.«

»Und sonst?«

Ich nannte den Grund meines Aufenthalts – Theater-DJ –, was sie absolutely amazing fand. Ich fragte: »Und wo kommt ihr her?«

»Wir sind aus San Francisco. Wir machen hier in Rio einen Tangokurs.«

Das wiederum fand ich bemerkenswert. Ich hatte immer gedacht, dass man dafür auf jeden Fall nach Buenos Aires müsste – aber nein. Das Westcoastpärchen – der dritte Mann war Schweizer – bestand darauf:

»Tango lernt man am besten in Rio. Aus welcher Stadt in Deutschland kommst du?«

»Ich lebe in Köln.«

»Siehst du? Köln ist nämlich auch eines der wichtigsten Tangozentren der Welt.«

Manchmal muss man erst auf den Berg nach Rio reisen, um solche Dinge über die Heimat zu erfahren.

Im Hotel wartete eine Nachricht von Gustavo auf mich. Seine Eltern wollten abends auf ein Konzert, er sollte sie fahren und ob ich nicht Lust hätte mitzukommen. In Rio waren gerade Artrock-Wochen, heute spielte die legendäre alte Gruppe Caravan.

Weder hätte ich gedacht, dass diese englische Band der frühen 70er noch existierte, noch dass ich jemals freiwillig zu einem ihrer Konzerte gehen würde. Und schon gar nicht ausgerechnet in Rio de Janeiro. Das war alles so abseitig, dass ich richtig Lust dazu bekam, etwas Abseitiges zu tun.

Vor der Konzerthalle befanden sich ein paar hundert in Ehren ergraute brasilianische Prog-Rock-Fans in Shorts und Grobschnitt-T-Shirts über den strammen Wampen. Gustavos Vater war seinerzeit einer der Hauptfreaks gewesen und konnte an diesem Abend wieder punkten: mit diesem Kumpel seines Sohnes. Der Kumpel kam original aus Deutschland, dem heiligen Land des Art und Progressiv Rocks. Dass ich zudem in Köln lebte, ließ einige Umstehende ehrfürchtig erzittern. Wir tranken Bier aus großen Pullen, rauchten Zigaretten, und ich erzählte ausführlich, wie es im Can-Studio ausgesehen hatte und welchen Geistern ich dort begegnet war. Dann gingen wir hinein.

In der Halle war es frostig heruntergekühlt. Die Vorband Pankrassus veranstaltete ein unsagbar hysterisches Kreischen und Heulen. Schon begann ich zu bereuen, dass ich mich so leichtsinnig hierhin gewagt hatte. Der Saal war angelegt wie bei einer Las-Vegas-Show, mit Tischen und Stühlen. Schnell waren die Eltern ganz vorne vor die Bühne verschwunden, während Gustavo und ich uns im hinteren Bereich niederließen, Import-Whiskey bestellten und den Kopf schüttelten.

Als Caravan die Bühne betraten, war ich überrascht. Gar nicht so übel! Die Songs fingen gut an, oder sagen wir: Sie fingen an wie Songs von guten, modernen Bands wie Phoenix oder Zoot Woman. Dann aber kamen Beschleunigungsteile, Verlangsamungsparts, vorsätzliche Komplikationen – und mit etwas Glück fanden die Musiker irgendwann wieder zurück zum Ausgangsmotiv. Wenn man da ein wenig aufräumen dürfte, würden auch unter 50-Jährige darauf stehen, dachte ich. Bestimmt könnte man Caravan-Musik zu erstklassigen Dancetracks remixen. Irgendwann zog sich die ganze Chose dann aber doch in die Länge, und wir fühlten uns zunehmend wie Eltern, die mit ihren Kindern zu DJ Bobo gegangen sind: Wann ist denn endlich mal Schluss hier? Doch so ist nun mal das Wesen von Art Rock – lang und ausführlich.

Nach zweieinhalb Stunden war endlich Feierabend unter dem frenetischen Jubel der Senioren. Der Haufen schob sich dem Ausgang entgegen, wo wir Gustavos glückliche Eltern abfingen. Der Grobschnitt-Freund fragte mich, wie ich das Konzert fand. Ich meinte:

»Nun, stellenweise nicht schlecht. Und selbst?«

»Das war eine der besten Performances, die ich je in meinem Leben gesehen habe! Und sag mal, stimmt das wirklich, du kennst Can?«

Es wurde Freitag. An diesem Abend gab es eine öffentliche Generalprobe im Theater. Das war eine äußerst begehrte Angelegenheit unter echten, aber eher wenig begüterten Bühnen-Aficionados. Früh füllten sich Balkon und Ränge – es passten insgesamt nur etwa 250 Zuschauer in den Saal. Vom Balkon herab beneidete ich die Leute auf den ungefähr zehn Plätzen auf der Bühne – noch. Weil ich die letzten Proben geschwänzt hatte – allerdings konnte ich meinen Part sowieso längst auswendig –, sah ich das Stück jetzt zum ersten Mal in voller Länge. Ich verstand zwar praktisch nichts, war aber völlig begeistert.

»Orlando« handelt, stark verkürzt, von einem jungen Adligen aus dem 16. Jahrhundert, der sich in eine erwachsene Schriftstellerin des frühen 20. Jahrhunderts verwandelt. Die Figur wird von einer Frau dargestellt. Es geht um Identität, um Ambivalenz, um Geschlechterrollen und Geschlechtsumwandlung, Crossdressing, Schocksex und all das. Vielleicht hätte DJ Hell hier auflegen sollen.

Fein rieselte ein Regen aus Laub vom Bühnenhimmel – und zwar während des gesamten Stückes. Das symbolisierte das Fortschreiten der Zeit. Das Stück begann mit einer Sexszene – mir war nicht ganz klar, wer mit wem. Auf jeden Fall hatte jede der Darstellerinnen mindestens einen Nacktauftritt – sich theatralisch das Korsett herunterreißend, nur mit einer Krinoline bekleidet sich im Kreise drehend usw. Einmal waren auch alle drei gleichzeitig nackt in und um eine Badewanne herum arrangiert. Die Männer wechselten zwar ständig das Kostüm, blieben aber durchgehend bekleidet.

Dann betrat Orlando die Bühne, noch als Mann, mit einem riesigen, runden Hut, und bezog eine markierte Position auf der Bühne. Und schon donnerte eine scharfe Lawine aus rotem Sand auf ihn bzw. sie herunter. Den Zuschauern auf der Bühne war das etwas unangenehm. Orlando begab sich nun in den Hintergrund der Bühne – nicht, ohne sich zuvor ein weiteres Mal zu entkleiden – und stand plötzlich unter einem prasselnden Wasserstrahl, der ebenfalls aus zehn Metern Höhe herunterschoss. Nun befand sich bereits eine beträchtliche Menge Matschepampe on stage. Als schließlich in einer Szene die Türken auf Wien marschierten, fielen Dutzende Wasserbomben aus dem Schnürboden – nun kreischten die Leute auf den exklusiven Plätzen. Zum Glück waren es nur arme Schauspielstudenten in Jeans und T-Shirts. Am nächsten Tag, bei der richtigen Premiere, saßen dort feinste Society-Gewächse in weißen Escada-Kostümen, die an diesem Punkt der Aufführung teilweise in Tränen, teilweise in Wutgeheul ausbrachen.

Weiter rieselte das Laub, inzwischen war es ein richtiger Haufen, und irgendwann war die Verwandlung vollzogen. Ein letztes Mal entblätterte sich Orlando, jetzt ganz Frau, und so blieb es bis zum frenetischen Schlussapplaus.

Am nächsten Nachmittag, dem Premierentag, hatten wir einen wichtigen Fernsehtermin. Der Sender O Globo, Brasiliens RTL, schickte ein Team live zu uns an den großen Platz beim Theater. Bia Lessa, die Hauptdarstellerin, zwei weitere DJs und ich wurden im Kreis aufgestellt. Doch meine wohlgesetzte Interpretation der Inszenierung konnte ich stecken lassen – ich stand nur aus Dekorationsgründen bleich und über alle Köpfe ragend im Bild herum, sagte einmal »ola« und lächelte milde.

Bei der Premiere gab es dann das ganz große Defilee. Weil es sich, wie gesagt, um gegen den Strich gebürstete Soapstars handelte, waren ihre Kolleginnen und Kollegen komplett erschienen sowie ein Großaufgebot von Models, Latino-Schönlingen und eingebetteten Reportern. Ich musste zugeben, dass man so was in Deutschland nicht oft geboten bekommt – Blahnik-Pumps und dünne Fähnchen, Maßanzüge mit grau melierten Zöpfchen, es war ein saftiges Bild. Bestimmt waren viele hier auch schon im Januar bei der Karnevalsausstellung gewesen. Die Aufführung verfolgte ich diesmal vom Mischpult aus – ich wollte sehen, wie der Soundmann das regelte mit der punktgenauen Einspielung der Musiken. Wie bei der Generalprobe war das Publikum hingerissen, ausgenommen die Damen von den Bühnenplätzen. Der letzte Schlussapplaus ging nahtlos in die Party über. Riesige Tabletts mit Champagner schwebten über der drängelnden, lebhaften Menge, die Kellner darunter sah man nicht. Auf der Bühne wurde schnell das DJ-Pult installiert.

Aus mir schleierhaften, aber auch nicht zu beeinflussenden Gründen wurde die anschließende Party von einem kleinen Reggae-Soundsystem eröffnet – eher die dubbige, verkiffte Richtung mit viel Live-Echo und Toasting. Apropos, ich sollte etwas essen, fiel mir ein. Es war jetzt Mitternacht, um zwei sollte ich loslegen, also ging ich mit Fabiana und ein paar anderen um die Ecke auf eine Außenterrasse und bestellte ein paar Bacalhau-Bollen. Ein Obdachloser rief mir über die Brüstung etwas zu. Ich dachte, er wollte Geld, aber Fabiana meinte, er wollte nur einen von meinen Bollen haben.

Gegen eins fand mich Bia Lessas aufgeregte Tochter und Assistentin – ich wurde dringend benötigt und sollte doch lieber jetzt sofort anfangen, Musik zu machen. Denn wo eben noch Models und Starlets wuselten, herrschte jetzt fast schon gähnende Leere – die netten Reggae-Brüder hatten den Saal in Rekordzeit leer gedubbt. So hatte ich am Ende die ganze Reise nur für ein euphorisches letztes Stündchen unternommen. Zu Disco-House aus Deutschland tobten sich schließlich nur noch die Crew und die Darsteller aus, die nach all den Proben, der Anspannung und dem tollen Erfolg ein Recht drauf hatten. So konnte ich mich als Ehrenmitglied des Ensembles wenigstens noch ein kleines bisschen nützlich machen.

Am nächsten Morgen flog ich nach Hause. Mein Engagement als Theater-DJ in Rio war beendet, es war für dieses Jahr die letzte Merkwürdigkeit gewesen. Erneut hatte ich einen weiten Weg zurückgelegt, um dann lediglich für ein paar Menschen und eine kleine Weile Platten aufzulegen. Das war zu meiner Spezialdisziplin geworden: die Darbietung deutscher, elektronischer Musik unter eigenartigen Umständen. Es war eine seltsame Arbeit, aber irgendjemand musste sie ja machen.

Listenwesen

EIN MUSTERKOFFER MIT ELEKTRONISCHER MUSIK AUS DEUTSCHLAND

Dies war in etwa das Sortiment, das ich auf den beschriebenen Reisen zwischen 2002 und 2005 nach Südamerika, in den Nahen Osten und in Teile von Osteuropa mitgenommen habe. Manche Platten hatte ich immer dabei, manche nur auf einem Trip. Manche der Platten sind erst später erschienen, aber ich hätte sie mitgenommen, wenn sie zu dem Zeitpunkt schon erschienen gewesen wären. Die Auswahl war und ist einerseits ein Versuch, repräsentativ zu sein und die verschiedenen Spielarten in ihrer Bandbreite abzubilden, andererseits natürlich stark subjektiv zusammengestellt. Die Reihenfolge ergab sich daraus, wie die Platten in der Kiste oder an der Wand standen. Viele der Platten könnte man als anerkannte Klassiker bezeichnen, manche sind nur private Lieblingsstücke.

Dezente Bildungselektronik

Ulrich Schnauss – A Strangely Isolated Place, *CCO/Domino*
Klimek – Listen, The Snow Is Falling, *Kompakt*
Markus Güntner – Regensburg, Wenn Musik der Liebe Nahrung ist, *Kompakt*
Springintgut – Nacht am Meer, Lets Flut, *Pingipung*
Mr. Tingle – Fahnenstange, Nachtbus, Freundschaft mit Anfassen, *Pingipung*
Jan Jelinek avec The Exposures – La Nouvelle Pauvreté, *Scape*
Bodenständig 2000 – Hart rockende Wissenschaftler, *FTM*
St. Otten – Stille Tage im Klischee, *Eleganz*
Workshop – Jetzt ist Vakanz, *Sonig*
Künstler Treu – Vorwärts die Zeit, *Eleganz*

Eine üppige Flora

Jürgen Paape – So weit wie noch nie, *Kompakt*
Justus Köhncke – Homogen, Timecode, Elan, *Kompakt*
DJ Koze – Late Check Out, *Kompakt*
Whignomy Brothers – 1974, 3fachmisch-EP, *Freude am Tanzen*
Roman – True Love Owes Us Shit, *Kalk Pets*
LoSoul feat. Malte – You Know, *Playhouse*
Closer Musik – 1, 2, 3, No Gravity/2 The Beat 2 The Rock, *Kompakt*
Max Mohr – Old Song, *Playhouse*
Isolée – Beau Mot Plages, *Playhouse*
Michael Mayer & Matias Aguayo – Slow, *Kompakt*
Ricardo Villalobos – Easy Lee, *Playhouse*
Schad Privat – Matrimony, *Firm*
Grungerman – Fackeln im Sturm, *Profan*
Jackmate – Hot Wax EP, *Stir 15*
Crocker – Indulto, *New Tranceatlantic*
Björn Petrikat – Dancefloor Schikane, *Below*
Chica & The Folder – Schatulle, *Monika*
Liebe Ist Cool – Regenbogen, *Bruchstuecke*
Tall Goddess – Dein Leben, *5000 Records*

Morane – Let Me Out, *Perlon*
Bergheim 34 – Random Access Memory, *Playhouse*
Markus Nikolai – Bushes, *Perlon*
Maus & Stolle – Adore, *Klang*
Borneo & Sporenburg – This Is Music Added To My Day, *Italic*
Turner – Head In The Sky, My Aeroplane Mania, After Work, *Ladomat*
Pascal Schäfer – Melody Express, *Karaoke Kalk*
International Pony vs. Losoul feat. Malte – International Snootleg, Track Of The Night, *Playhouse*
Safari – Feel Electric, *Firm*
Ada – Believer, Lovelace, *Areal*
Geiger – Made in Home 1 & 2, *Firm*
925 feat. Schad Privat – Really Remixed, *Firm*
Ruede Hagelstein – Sweaty Balls, *Freundinnen*
Laudert – Bye Bye Sommer, *Boxersport*
Scsi-9 – Autumn, *Kompakt*
Le Dust Sucker – Mandate My Ass, Adieu Plastique, Lick Lick, To Droop, Suckers Fanfare, *Plong*
Lawrence – Spark, *Ghostly International*
Heiko Voss – Call Me Killer, *Firm*
Marlow feat. Dhelia – Quiet, *Moon Harbour*
Pantha Du Prince – Butterfly Girl, *Dial*
Einmusik – Jittery Heritage, Kleine Nachtmusik, *Italic*
Koerner & Treplec – Untenrum gehts besser EP: Bernd im Glück, Pflaume im Speckmantel, Professor Doktor Knusper, *Milnormodern*
Ziggy Kinder – Glücksbotenstoff, Metrosexuell, Mikrozirkulation, Probandentanz, *Ware*
Turismo – Discogefühl, *Ware*
Decomposed Subsonic – Nachtlicht, *Ware*
Quarks – Du entkommst mir nicht, *Home*
Markus Güntner – Die Herren dieser Welt, *Ware*
Lopazz feat. Alex Cortex – Was du willst, *Freundinnen*

Graziano Avitabile – Lass mich los, *MBF*

Hauptstadtpop, Discopunk, Elektroclash etc.

Das Bierbeben – Schlag deinen Fernseher kaputt, *Shitkatapult*
Ascii Disco – Aldimarkt, *Ladomat*
Lexy & K-Paul – Bleib Cool, *Low Spirit*
Hal 9000 feat. Sylvie Marks – Bay Bay Bay, *Freund*
Christian Kreuz – Koks und Prada, *Disko B*
Tolerantes Brandenburg – Kaviar, *Metrohead Music*
Ellen Alien – Berlinette, *Bpitch Control*
Extra – Disko Tel Aviv, *White Label*
ToTok vs. Soffy O – Days Of Mine, *Leaded*
Von Spar – Schockwellen aufs Parkett, *Ladomat*
Jeans Team – Oh Bauer, *Louisville*
Milch – Europa, *Scheinselbstständig*
Stereo Total – Wir tanzen im Viereck, *Bungalow*

Hier tanzten sie, die Zedernrevoluzzer

Tiefschwarz feat. Eric D. Clark – Blow, *International Deejay Gigolos*
Trüby Trio – Universal Love (Tiefschwarz Remix), *Compost*
2raumwohnung – Sexy Girl, Wir trafen uns in einem Garten mit Max, Spiel mit mir, Freie Liebe, Ich weiß warum, Ich und Elaine, *It-sounds*
Mathias Schaffhäuser – Hey Little Girl, *Ware*
Wahoo – Make Em Shake It, *Sonar Kollektiv*
Audio Werner – Zwartshik Drive, *Hartchef*
Seelenluft – Manila, *Klein*
Munk – Disco Clown, Mein Schatzi, *Gomma*
Abe Duque – What Happened, *Abe Duque Records*
Markus Worgull – Dragon Loop, *Innervisions*
Mina – Desktop, *Bungalow*
Ame – Rej, *Innervisions*
Tokyo Black Star – Blade Dancer (Dixon Edit), *Innervisions*
Märtini Brös – Dance Like It Is Okay, Tanzen, *Pokerflat*
The Jackals – Jack Ain't Back, *Dessous*
Mathias Schaffhäuser – Coincidance, *Ware*

Malaria vs. Chicks on Speed – Kaltes, klares Wasser, *Monika*
DJ Elin – Geile Tiere, *Frauenfunk*
International Pony – New Baseline For José, Superyou, *Sony*
Gabriel Ananda – Süßholz, *Treibstoff*
Gabriel Ananda – Ihre persönliche Glücksmelodie, *Karmarouge*
Dominik Eulberg – Eine kleine Schmetterlings-Hommage, Die Rohrdommel und der Wachtelkönig im Schachtelhalmlabyrinth, Die Rotbauchunken vom Tegernsee, *Traum*
Woody – Body Music, *Fumakilla*
Headman – It Rough, *Gomma*
Glanzbild – Nach Hause, *Diebstahl 01*
André Kraml feat. Schad Privat – Safari (James Holden Mix), *Crosstwon Rebels*
Needs – Inner Glow, *Needs*

Die Holzpaneele von der Decke brettern
DJ Koze a.k.a. Monaco Schranze – Der Säger von St. Georg, *Kompakt*
Alter Ego – Rocker, *Playhouse*
Ada – I Love Asphalt, *Areal*
Christopher Just – I Love The Acid Too, *Giant Wheel*
Schlammpeitziger – Refrag Behäbige Behäbige (Electronicat Remix), *Sonig*
Basteroid – Against Luftwiderstand, *Areal*
Egoexpress – Knartz IV, *Ladomat*
Jeans Team – Keine Melodien, *Kitty-Yo*
T.raumschmiere – Rabaukendisco, *Shitkatapult*
Geiger – Trax, *Teile*
Roman Flügel – Geht's noch?, *Cocoon*
Whignomy Brothers – Wombat, *Speicher 31*
Metaboman – Rausgeflogen, *Musik Krause*
Oliver Koletzki – Der Mückenschwarm, *Cocoon*
Dominik Eulberg – Potzblitz und Donnerwetter, *Cocoon*

Etwa sieben deutsche HipHop-Platten

Deichkind – Bon Voyage, Limit, *Showdown*
Fünf Sterne Deluxe – Ja, Ja, deine Mudda, *YoMama*
Das Bo – Türlich, türlich, *YoMama*
Eins, zwo – Danke, Gut, *YoMama*
Niko Suave – Vergesslich, *Groove Attack*
Beginner – Rock On & On, *Buback*

Elektronische Lieder

Barbara Morgenstern – Aus heiterem Himmel, *Monika*
Jens Friebe – Gespenster, *ZickZack*
Leichtmetall – Wir sind Blumen, *Karaoke Kalk*
JaKönigJa – Diese Schmerzen musst du teilen, *Buback*
Doc Schoko – Hellblaues Wölkchen, *ZickZack*
Zigarettenrauchen – Männer, *Monika*
Miki Mikron – Bilder von dir, *Pudel Produkte*
Adolf Noise – Zuviel Zeit/Was ist zuviel Zeit?, *Buback*
Manuela Krause & Pole – Mein Freund der Baum, *Monika*
Andreas Dorau – Heut kommt er, *Mute*
Justus Köhncke – Weiche Zäune, *Kompakt*
Heinz Strunk – Computerfreak, *Studio Braun*
Knarf Rellöm – Einbildung ist auch ne Bildung, *Whatssofunny-about*
März – Wir sind hier, *Karaoke Kalk*
Hausmeister – Sarah, *Sopod*
Universal Gonzalez – So wie immer (Adolf Noise Mix), *Trikont*
Peter Licht – Safarinachmittag, *BMG Modul*
Die Sterne – Themenläden (Brunswick 2000 Mix), *Ladomat*
Neulander – Schauspieler, *Disko B*
Justus Köhncke – Wie viele Menschen waren glücklich, dass du gelebt?, *Ici Records*
Wolfgang Müller – Ich hab sie gesehen, *A-Musik*
Stereo Total – Liebe zu dritt (Rabauke Remix), *Bungalow*
214 Schlammpeitziger – Club Sonnenbankwende (Dorau Remix), *Sonig*

Tocotronic – Hi Freaks (DJ Rabauke Mix), Jackpot, Let There Be Rock Remixe, *Ladomat*

Einige Alben

Donna Regina – Late, *Karaoke Kalk*
Hausmeister – Look At Me Now, *Sopod*
Superpitcher – Here Comes Love, *Kompakt*
Barbara Morgenstern – Nichts muss, *Monika*
Wechsel Garland – Album, *Morr Music*
LaliPuna – Tridecoder, *Morr Music*
International Pony – We Love Music, *Sony*
Isolée – We Are Monster, *Playhouse*
Robag Wruhme – Wuzzelbud, *Musik Krause*
Ricardo Villaobos – Thé au harem d'Archiméde, *Perlon*
DJ Koze – Kosi Comes Around, *Kompakt*
Losoul – Belong, Getting Even, *Playhouse*
Turner – A Pack Of Lies, Slow Abuse, *Ladomat*
Chicks On Speed – Very Cheap, *Chicks On Speed*
DJ Hell – New York Muscle, *International Deejay Gigolos*
Maximilian Hecker – Rose, *Kitty-Yo*
Move D – Kunststoff, *Source*
Isolée – Rest, *Playhouse*
Sensorama – Love, *Ladomat*
The Bionaut – Lush Life Electronica, *Harvest*
The Modernist – Opportunity Knox, *Harvest*
Justus Köhncke – Was ist Musik, Doppelleben, *Kompakt*
Metope – *Kobol Areal*
Adolf Noise – Wo die Rammelwolle fliegt, *Buback*
Jan Jelinek – Kosmischer Pitch, *Scape*
Matias Aguayo – Are You Really Lost?, *Kompakt*

Einige Compilations und Serien

Teutonik Disaster, *Gomma Records*
New Deutsch Compilation, *International Deejay Gigolos*
Music For Children, *Bruchstuecke*

Staedtizism, *Scape*
Pop Ambient, *Kompakt*
Du bist die Stadt, *Scheinselbstständig*
Rabimmel Rabammel Rabumm Bumm Bumm, *Areal*
Warenkorb, *Ware*
Kompakt Total, *Kompakt*
Jack To Future, *Resopal*

10 typische Wehwehchen
Grenzenlose Müdigkeit
Bohrender Hunger
Massiver Harndrang
Bleierne Depressionen
Kein Aufzug
Desolate Einsamkeit
Feindselige Frauen
Beleidigte B-Boys
Dieser gottverdammte Husten
Dieses ausweglose Gefühl

EIN KOFFER FÜR HOCHZEITEN, KUNSTSAUSEN, BOOTSMESSEN UND HUBSCHRAUBERKONZERT-AFTERSHOWPARTYS

Die meisten der folgenden Kategorien sind mehr oder weniger an den Haaren herbeigezogen und dienen nur der optischen Strukturierung. Man spielt normalerweise keine Blöcke, in denen es nur um »You« oder »Me« geht, und auch nicht zehn Platten mit befehlsartigen Anweisungen direkt hintereinander.

20 sichere Nummern für Hochzeiten und Telekom-Weihnachtspartys
Earth, Wind & Fire – Boogie Wonderland, Let's Groove
Brothers Johnson – Stomp
Chic – Le Freak

Deee-Lite – Groove Is In The Heart
Michael Jackson – Don't Stop Til You Get Enough
Indeep – Last Night A DJ Saved My Life
Doobie Brothers – Long Train Running
Kurtis Blow – The Breaks
Georg Michael – Fast Love
Talk Talk – Its My Life
Robbie Williams – Rock DJ, Angels
Gap Band – Outstanding
Dennis Edwards feat. Siedah Garret – Don't Look Any Further
Tina Charles – I Love To Love
Prince – Kiss
BeeGees – Night Fever
Sugarhill Gang – Rappers Delight
Wham – Everything She Wants
Labelle – Lady Marmalade
Barry White – Can't Get Enough Of Your Love

Vor Disco sind alle Menschen gleich
Chaka Khan – I'm Every Woman, Ain't Nobody
Van McCoy & The Soul City Symphony – The Hustle
Chicago – Street Player
Donna Summer – Bad Girls
Two Man Sound – Que Tal America
Ashord & Simpson – Bourgie, Bourgie
The Whispers – And The Beat Goes On
Candido – Thousand Finger Man
Cheryl Lynn – Got To Be Real
Jocelyn Brown – Somebody Else's Guy

16 Mal mit Liebe
Cherelle with Alexander O'Neal – Saturday Love
Led Zeppelin – Whole Lotta Love
LTD – Love To The World
The Supremes – Stoned Love

Don Armandos Second Avenue Rumba Band – Deputy Of Love
Booker Newsbury III – Love Town
Mary J. Blige – Real Love
TomTom Club – Genius Of Love
Slave – Just A Touch Of Love
Stevie Wonder – Isn't She Lovely
Archie Bell & The Drells – Don't Let Love Get You Down
ABC – The Look Of Love
Rufus & Chaka Khan – Any Love
Chic – I Want Your Love
Bill Withers – Lovely Day
Al Green – Love & Happiness, I'm Still In Love With You

10 Mal für Hochzeiten irgendwie überambitioniert
Dinosaur L – Go Bang
EPMD – It's My Thing
Sounds Of Blackness – Optimistic
Chill Rob G – The Power
Curtis Mayfiled – Trippin Out
Missy Elliot – Work It
Peter Tosh & Mick Jagger – Don't Look Back
Culture Club – It's A Miracle
Cymande – Bra
Alexander Robotnick – Dance Boy Dance

9 Mal ich, ich, ich
Teddy Pendergrass – The More I Get The More I Want
Inner Life – Moment Of My Life
Diana Ross – My Old Piano
Unlimited Touch – I Hear Music In The Streets
Sylvester – I Need You
The Beatles – In My Life
Loose Joints – Is It All Over My Face
Jackson Sisters – I Believe In Miracles
Hall & Oates – I Can't Go For That

11 sinnreiche Botschaften an dich, dich, dich

Brenda Taylor – You Can't Have Your Cake And Eat It, Too
Lou Rawls – You'll Never Find
D-Train – You're The One For Me
The Carpenters – Close To You
David Joseph – You Can't Hide Your Love
Stevie Wonder – Don't You Worry Bout A Thing, All I Do
Rufus & Chaka Khan – I Know You I Live You
Janet Jackson – Thinking Of You
Barry White – Playing Your Game, Baby, It's Ecstasy When You Lay Down Next To Me
Sharon Redd – Can You Handle It

3 Mal geht es um uns

Michael Jackson – We Got A Good Thing Going
McFadden & Whitehead – Ain't No Stoppin Us Now
Positive Force – We Got The Funk

20 absurde Platten für Hochzeiten, die aber trotzdem gut angekommen sind

Human League – Being Boiled
Pat Metheney & David Bowie – This Is Not America
Phoenix – If I Ever Feel Better
Chicago – Does Anybody Really Know What Time It Is
Laid Back – White Horse
The Spinners – It's A Shame
LL Cool J – The Boomin System
Bronski Beat – Smalltown Boy
Gloria Jones – Tainted Love
Crystal Waters – Gypsy Woman
Queen – Another One Bites The Dust
Chemical Brothers – Galvanize
Gil Scott-Heron – The Bottle
Jimi Hendrix – Crosstown Traffic
Bob Dylan – Like A Rolling Stone

Earth, Wind & Fire – After The Love Has Gone
Marvin Gaye – When Did You Stop Loving Me, When Did I Stop Loving You
Billy Paul – Me & Mrs Jones
The Three Degrees – When Will I See You Again
Pet Shop Boys – West End Girls

10 widersprüchliche Fragen

Kannst du bitte mehr/weniger Gas geben?
Kannst du bitte lauter/leiser machen?
Kannst du bitte anfangen/aufhören, R&B zu spielen?
Kannst du bitte etwas Salsa/Punkrock spielen?
Kannst du bitte schneller/langsamer spielen?
Kannst du bitte bekanntere Sachen/nicht so eine Konsenskacke spielen?
Kannst du bitte mehr/weniger Gesang auflegen?
Kannst du bitte aktuellere/ältere Platten spielen?
Kannst du bitte den Nebel anmachen/wegmachen?
Wann fängst du endlich an/hörst du endlich auf?

11 unmissverständliche Aufforderungen und Wünsche

T-Ski Valley – Catch The Beat
Georg Benson – Give Me The Night
Billie Griffin – Hold Me Tighter In The Rain
Patti Jo – Make Me Believe In You
Ecstasy, Passion & Pain – Touch & Go
Grace Jones – Pull Up To The Bumper
Anita Ward – Ring My Bell
Patrice Rushen – Forget Me Nots
Raw Silk – Do It To The Music
Gwen McCrae – Keep The Fire Burning
Oliver Cheatham – Get Down Saturday Night

10 elegante, geschmackvolle Discotracks bei einer Art-Cologne-Party gegen Mitternacht

Vince Montana – Heavy Vibes
Geraldine Hunt – Can't Fake The Feeling
Steely Dan – The Fez
Shalamar – A Night To Remember
Imagination – Just An Illusion, Music & Lights
Class Action – Weekend
Toto feat. Cheryl Lynn – Georgie Porgie
Young Disciples – Apparently Nothing
Patrice Rushen – Number One
Michael Jackson – Rock With You

Dieselbe Party zwei Stunden später

House Of Pain – Jump Around
C&C Music Factory – Gonna Make You Sweat
B 52's – Party Mix
Outkast – Heya
Joan Jett – I Love Rock & Roll
Cameo – Word Up
The Roots – The Seed
Ol Dirty Bastard – Got Your Money
Madonna – Hung Up
Mr. Bloe – Groovin With Mister Bloe
Wreckz'N'Effect – Rump Shaker
Ram Jam – Black Betty
Young Holt Unlimited – Soulful Strut
Bill Withers – Harlem
Taana Gardner – Heartbeat
Len Barry – 1, 2, 3

10 poppige Techno- und Housetracks, die man bei manchen Hochzeiten, fast allen Art Partys und auf jeden Fall im Karneval spielen kann

Tiga – Hot In Herre, Pleasure From The Bass, Louder Than A Bomb
Paul Johnson – Get Get Down
Stetsasonic – Talking All That Jazz (Dimitri From Paris Mix)
CeCe Peniston – Finally
Louie Austin – Hopin
John Silver – Come On Over
Moloko – The Time Is Now
Les Visiteurs – Snoops Acid Drop
Thomas Anderson – Washing Up
Rex The Dog – Prototype

10 falsche Schreibweisen

Hans Nieswand
Hans Nießwand
Hans Niesmann
Hans Wiesmann
Hans Mieswandt
Hans Nießwald
Hans Mieswald
Hans Miesmann
Hans Nysvaldt
Nils Wandt

Auch Justus Köhncke weiß davon ein Lied zu singen ...

10 Mal Vermixtes

1. Auflegen in einer großen Buchhandlung. Neueröffnung, dritter Stock, die Plattenspieler stehen in der Abteilung für »Zeitgeschichte«, man spielt umrahmt von Anne Frank, Hitlers willigen Helfern und dem Neger aus der Nazizeit.

2. Lesung in einer Leipziger Disko, in der Frauen freien Eintritt haben. Es sind auch nur Frauen da. Die wollen aber nicht vorgelesen bekommen.

3. Sommerfest der Deutschen Telekom mit dem FC Bayern München und der Cover-Band »Hot Stuff«. Die Würstchen sind von Uli Hoeneß.

4. Weihnachtsfest der Deutschen Telekom. Ein Senior fragt mich: »Können Sie nicht mal ein Lied zu Ende laufen lassen?«

5. Bei der Afterparty zur Verleihung des Deutschen Drehbuchpreises möchte Burkhard Driest, dass ich sein persönlicher DJ werde.

6. Aachen, Bar Museo. Während des Gigs wird im Museum eingebrochen. Polizeibeamten, Spurensicherung und eine schöne Kommissarin müssen immer wieder mitten durch das DJ-Pult und stören sich kein bisschen an dem donnernden Monitorsound.

7. Ein Club in Salzburg, der wie ein Tunnel in den Berg hineingetrieben ist. Er nennt sich »Loft«, obwohl er mit einem Loft so viel zu tun hat wie mit einem U-Boot.

8. Greifswald, am Bahnhof, kurz vor der Abreise. Ein Mädchen spricht mich an und sagt: »Warst du nicht auch gestern bei der Party? Also der DJ hat's ja wohl überhaupt nicht gebracht!«

9. Eine Erkenntnis: Wenn ein junger Veranstalter vor einem Auftritt erklärt, dass das Publikum zwar etwas jünger sei, du aber in jedem Fall »spielen kannst, was du willst«, heißt das im Klartext: Du musst auf jeden Fall maximalen Techno brettern, andernfalls wirst du hier gnadenlos untergehen.

10. Noch eine Erkenntnis: Alle behindertengerechten Hotels sind auch DJ-gerecht.